"茅舍槿篱溪曲"

"门外春波荡绿"

踏上回归精神故里寻古探幽的旅程,

感受乡土的温暖与润泽,

体味精神家园的馨香。

中国民间
文化遗产
抢救工程
THE PROJECT TO CHINESE
FOLK CULTURAL HERITAGES

SOS

陕西
青木川

中国历史文化名城·名镇·名村丛书

中国民间文艺家协会／组织编写

总主编／潘鲁生 荣书琴 刘 超

本卷主编／王盛华 王印堂

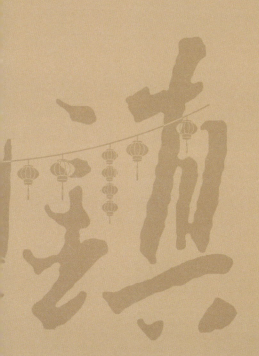

知识产权出版社
全国百佳图书出版单位
—北京—

邱运华

　　传统村落保护是当下中国文化遗产保护工作中最重要的社会性课题之一。对于一个具有绵延五千年不间断农业文明的民族来说，传统村落能否得到妥善保护更是一个文明能否传承的关键问题。

　　传统村落保护是当代社会发展的普遍问题，不独中国社会存在，西方发达国家存在，东方发达国家也存在。从世界范围看，这是一个国家从欠发达到发达、从农业社会过渡到工业社会、从以农村为主体发展到城镇化生活方式过程中普遍存在的问题。有学者把中国农村经济结构改造、社群建设、新文化建设和整体民生改善工作这一进程，追溯到 20 世纪 50 年代。但我以为，它毕竟不是我们现在所处的整体转向工业化、城市化进程中遇到的课题。中国社会同一性质的乡村保护课题，起源还是世纪之交的 2003 年 2 月 18 日"中国民间文化遗产抢救工程"。2012 年 12 月 12 日，住房和城乡建设部、文化部、财政部联合发布《关于加强传统村落保护发展工作的指导意见》，2014 年 4 月 25 日，除上述三部外又增加了国家文物局，联合发布《关于切实加强中国传统村落保护的指导意见》，两次重申传统村落保护的联合行动。冯骥才先生在 2012 年的一篇文章里把传统村落保护提高到文明传承的高度，我认为非常正确。中国社会各界对传统乡村保护的问题，有着非常积极的呼应。

　　中国是发展中国家，但是从东部、南部和东南部区域看，具有发达国家的某些特征。农村人口从西部向东部、从村落向城镇转移，是1990—2010年最重要的社会现象，这一巨大的人口变迁集中表现为城镇人口急速膨胀、传统村落急速空心化，不少历史悠久的自然村落仅仅剩下老人和儿童。因此，传统村落的保护在中国面临的问题，与发达国家相比，具有共同性。例如，从"二战"后恢复到工业化时期，德国和日本先后进行的村落更新或改造项目具有几个明显特征：一是以激发村落内部活力、发展农村经济作为前提，以改造农村基本生活设施作为基础展开；二是村落更新或再造项目以土地管理法令的再研究作为保障；三是建立了学术界论证、公布更新或再造规划、政府支持的财政额度及投入指向、个性化改造方案与村民意愿表达的有效沟通机制，有效保护村落历史文化、自然风景、公共空间与私人空间等要素。综合来看，先行的国家特别注重传统村落的"民间日常生活"保存问题。

所谓"民间日常生活"的具体含义是什么？乃指传统村落村民群体的方言、交往方式、经济生产活动、衣食住行、生老病死、教育、节日活动、传统风俗、民间信仰活动以及区域性的传统手工艺活动等，以及上述种种的精神性、思想性、文化性、艺术性和物质性表现形态。长期以来，中国传统村落之所以成为民族文化的保留者和传承平台，核心在于保存着这个民间日常生活，它的内容和方式，在民间日常生活的基础上，方可承载不同样式、层次的民族文化。

之所以在这里提出将"民间日常生活"作为传统村落的文化基础问题，乃是因为看到目前对待传统村落的两种观点具有一定的欺骗性，并不同程度地主宰和误导了传统村落的基本价值指向。一种是浪漫主义传统村落观，一种是商业主义传统村落观。浪漫主义传统

村落观把传统村落理想化、浪漫化，仿佛传统村落是用来怀旧的，象征着一切美好的自然与人类的和谐，田园风光，日出而作，日落而息，男耕女织，像是《桃花源记》里的武陵源，"不知有汉，无论魏晋"。但是，这不是民间日常生活；民间日常生活还包含在落后生产力条件下的温饱之苦、辛劳之苦，是传统村落里百姓的生活常态；生产关系之阶级阶层压迫、政治强权和无权地位，以及在自然面前束手无策，在兵灾、匪患和种种欺男霸女面前的悲惨状态，甚至中华人民共和国成立以来出现过的政治压迫、思想禁锢和社会运动之灾，是乡村浪漫主义者无法想象的，而这，就是大多数传统村落的民间日常生活。文人雅士，在欣赏田园风光和依依炊烟之时，能否探入茅舍，去看看灶台、铁锅和橱柜，去看看大量农夫、农妇的身影，他们是否仍然饥饿、寒冷？或者他们的孩子是在劳作还是就学？商业主义传统村落观呢，则直接把传统村落改造成伪古典主义的模板，打造成千篇一律的青砖瓦房，虚构出一系列英雄史诗和骑士传奇，或者才子佳人和神异仙境的故事，两者相嫁接，转化为商业价值或者政绩价值，成为行政或市场兜售的噱头，这一行为成为当下传统村落"保护"的常态。这两种传统村落观，一个共同的特点是把村落与民间日常生活相割裂，抹杀了民间日常生活在传统村落里的价值基础，从而，也直接把世世代代生活于这一场景中的村民赶出村落，嫌他们碍事，妨碍了我们的浪漫主义和商业主义梦想；他们不在场，我们可以肆意妄为地文化狂欢。那些在民间日常生活中久存的精神性的、思想性的、文化性的、艺术性的符号，均不在话下。但是，假如村民不在场，社群活力不再，传统村落如何是活态的呢？西方哲学有一个时髦术语，叫作"主体缺失"，因为主体缺失，因而话语狂欢。

　　关注传统村落的村民，无疑是中国传统村落保护的第一要素。但恰好是人这第一要素导致了传统村落的凋敝和乡愁的产生。

　　1990—2010 年这二十年，一些区域传统村落里村民流动性的增强，特别是青壮年村民向东部、东南部和南部沿海地区季节性的流动，极大地影响了这些区域传统村落民间日常生活的展开，减弱了传统村落的社群活力，也相应减少了传统文化活动的开展。这样，构成传统村落民间日常生活的内容慢慢演变成淡黄色、苍白色，成为一种模糊记忆，抑或转化为一年一度的春节狂欢，最后，演变定格成为日常性质的乡愁。民间日常生活不再完整地体现在现在乡村生活之中。那个完整的民间日常生活，在我们不得不离开它的土壤之后，便蜕变为乡愁。乡愁这只蝴蝶的卵，就是民间日常生活。而伴随着乡愁这只蝴蝶而出现的，却是一个个村落日常生活不断凋敝、慢慢消失。乡愁成为我们必须抓住的蝴蝶，否则，我们的家乡便消失在块垒和空气之中，我们千百年创造的文化便无所依凭。然而，据统计，在进入 21 世纪（2000 年）时，我国自然村总数为 363 万个；到了 2010 年，仅仅过去十年，自然村总数锐减为 271 万个。十年内减少约 90 万个。若是按照这个速度发展下去，三年、五年之后，我们的传统村落便无踪无影了。也就是说，出生和成长在这些村落而现在散居在世界各地的人们，将无以寄托他们的乡愁。若是其中有的村落有几百年、上千年甚至更久远的历史呢？若是其中有的村落有着华夏一个独特姓氏、家族、信仰和其他各种人文景观等等呢？

　　越来越多的学者开始从事传统乡村保护的研究工作，例如《人

中国民间
文化遗产
抢救工程
THE PROJECT TO CHINESE
FOLK CULTURAL HERITAGES

中国历史文化名城·名镇·名村丛书

民日报》2016 年 10 月 27 日发表了《老宅、流转、新生》为题的介绍黄山市探索古民居保护新机制的文章，还配发了题为《古民居保护，避免"书生意气"》的评论；《中国文化报》2016 年 10 月 29 日发表了题为《同乡村主人一起读懂文化传承》的文章，提出了"新乡村主义"的概念，在它的题目之下，包含有乡村治理、乡村重建和乡村产业化的多功能孵化等内容。为此，文章提出了"政府制定政策方向、标准化编列预算，聘请专家团队和 NGO 组织，进行顶层设计、人才培育、产业孵化和公共服务"四项基本措施，还配发了《莫让古民居保护负重前行》的文章。《光明日报》2016 年 11 月 15 日发表了题为《福建土堡：怎样在发展中留住乡愁》的报道，记叙了专家考察朱熹故乡福建三明尤溪土堡的过程；记者报道了残存的土堡现状，记录下专家们的意见：政府与社会资本合作的"PPP 模式"，面对乡村人口日趋减少的不可逆现实，应该吸引城市中的人回到乡村，将土堡打造为"民宿"，在不破坏现有形制的前提下，实现功能更新。也有专家提出，就保护而言，首先应该考虑当地人，人的利益是优先的，只有做到长期发展而不是只顾短期利益，文化遗产保护事业才能够持续发展，等等。

上述建议，已经超越了简单的乡愁情怀，而诉诸国家土地法规、资金筹措模式、专家功能实现等层次。应该说，在越来越深入研究、讨论的基础上，对传统村落保护的思路越来越宽了，为政府制定传统村落保护法提供了良好的基础。在国家立法的基础上，国家、地方政府组织专家开展普查，确认传统村落的级别，分别实施不同层次的激活、保护、开发，才有坚实的基础。

我理解，通过专家学者的普查、认定，得出的结论一定会有利于政府形成健全完备的保护方案和具体操作措施。一方面，对仍然有社群活力的乡村，实施新农村建设规划，改善其经济机制，改建生活设施，改善村民的生活条件，把工作重点聚焦到提高农业产业框架基础、为居民提供更好的生活环境、增强村庄文化意识、保存农村聚落特征上来。另一方面，为有着特殊文化传承却逐渐凋敝，甚至失去社群活力的乡村，探索一套完善保护的工作模式，形成一种工作机制，并得到国家法规政策的支持和保障，包括土地规划、投资体制、严格的环境保护，建立严格的农民参与机制等，为保留故乡记忆、记住我们的乡愁，留下一系列艺术博物馆、乡村技艺馆，产生具有独特价值的"乡愁符号"。

作为"中国民间文化遗产抢救工程"的重要项目之一，《中国历史文化名城·名镇·名村丛书》正是通过众多专家学者和民间文艺工作者辛勤的田野调查工作，在中国民协推动的"中国传统村落立档调查工程"所积聚的海量信息基础上，多学科、多视角地反映当下古城古镇和传统村落现状，发掘传统文化的独有魅力，进而为保护和传承优秀传统文化积累鲜活的素材，汇拢丰富的经验并寻觅科学的路径。相信这套丛书的出版将对古城古镇和传统村落的保护发挥积极作用。

2017 年 3 月

（作者系中国民间文艺家协会副主席）

王盛华

一位作家穿过民国时期曾被土匪攻占过的老县城，来到汉江边的一个古镇上，突然就被眼前的秀物黏住了脚步。只见四周青山隐隐，眼前流水滔滔，绿树掩映的小镇上，素瓦青砖；灵光秀气的回龙场老街，炊烟袅袅；香火繁盛的文昌庙、回龙寺，人流往返；回味无穷的"热凉粉""核桃馍"，引人垂涎。作家由不得文兴大发，历经数年，几经雕琢，一部长篇小说此后热闹了整个文坛。于是，这个昔日已被时代淹没的古镇，经叶广芩女士的生发，便在人们的视野中凸显出来了。

这个古镇就是青木川。

说其古，从明代中期大规模开发，至今也不过五百余年，这在历史的长河中，只能算作一瞬。但由于其地处陕、甘、川交界的深山老林中，一条河，两道山，便隔断了战火纷飞与工业文明的浸淫。山外的热风吹不进来，回龙场的润风飘不出去，于是鸡犬之声相闻，白云炊烟朝暮交替，说这里是魏晋之桃花源也罢，秦陇的古栈古道也罢，反正与世隔绝，躲在大山中弹起了"高山流水"。

对于青木川来说，这却是值得我辈可喜可贺的事。在世界变成地球村，人类崇尚物质享受，城镇化建设奔袭而来的时候，旧有的农耕文明已被卷进了"绞肉机"，碾了个七零八落。祖祖辈辈生活在村落里、端着大老碗蹴在门口石碾子上吃饭谝闲传的村人们，在一斤麦子换不来一瓶矿泉水的今天，他们要穿衣吃饭、看病、供孩子上学，只能一个个卷起铺盖朝城市里挤。偌大的村落，诗情般的小桥流水，喜鹊叽叽喳喳在其上搭窝的杨树柳树，拴过毛驴、犍牛、黄狗的碾盘、石墩和木桩，都静悄悄躺在夕阳的余晖中，看着昔日人们舞龙耍狮、走街串巷，曾经热闹了几个朝代的老村落，只剩下一堆待开发的废墟，几个体弱病残的老人，还有一只瘦骨嶙峋的黄狗在旷野里转悠。

就这样，一个古村落倒下了，又一个古镇子倒下了，奶奶口中的歌谣消失了，母亲手中的针线笸篮不见了，延续了几代的乡愁，已经让我们无处寻觅，伴随着我们成长的乡情已不见了踪影。说来，这确是一件不仅让古人也让我们伤感的事。

唯一让人稍微得到慰藉的是，偌大的国土上，在房地产开发、城镇化进程的洪流中，还保留下来了一些让人怀旧向往的古村、古镇、古堡。它们大都处在远离城市的边缘地带，因而保存了下来，可以聊慰一下我们夜夜梦中的乡愁。

这些古村、古镇、古堡中，就有这么一个青木川。

青木川有青的山、绿的水、白云与炊烟缠绕的竹林茅舍，还有一条从北边一脚踩下去，南边就"咚咚"作响的沿江用青石板铺成的回龙场老街。两边店铺的门相对而开，一碗热凉粉，一盘核桃馍，一壶半山腰采来的"老鹰茶"，滋润着神仙般小镇上的居民。随便走进一家四合院，门楣上悬挂着黑底红字"耕读传家"的大牌匾，院子里栽种着开得夭夭的凤冠花，一个木凳子坐下去，看远山是一幅赵千里的山水画，听鸟儿树上叽叽喳喳是齐白石的半幅《真趣图》，那感觉还真像回到了儿时打秋千的小村落。信步在古镇上走一走，抬眼处就是赵氏家族的大祠堂，香炉是有的，祖先的排位

是有的，只是平时上香的人并不多，只有到了清明、除夕或大年初一，在长者的带领下，全族人才会顶礼膜拜。再往前走，是至今还保存完整的民国年间雕梁画栋的卖洋烟、洋油、洋布的老字号"荣盛昌"，招待达官贵要的"唐世盛"，虽然叫卖声吆喝声已被过往的烟云吸走了，但当年的阵势还在，踩着石板街的青石似乎还能听到当年的嬉笑声。当然还有门窗上镂的梅兰竹菊，用木板垒起来的吊脚楼，还有老一辈记忆中仍然存在的小"烟馆"，也就是吸大烟土的地方，现在已成为景观，让当代人去想象当年的烟雾缭绕。自然还有民国年间的风雨桥、辅仁中学、魏氏宅院，而这都得益于一个人，也就是在当地几代人眼中大名鼎鼎的魏辅唐。

据说，魏辅唐是一个亦正亦邪，多重性格的大人物，古镇上的人讲："这人有多好，就有多坏。"说他坏，是说他从小争强好胜，当了红帮首领后占川为王，在青木川做了二十多年的"土皇帝"，政由己出，侵占祠堂，霸占良田林木，私征苛捐杂税，为自己建造宅院两百多间。说他好，是说他广招客商，兴修水利，开拓良田，修建公路桥梁，进而延揽人才，创办私立辅仁中学，组建戏班，在动乱的年代对当地的社会治安、文化教育、经济发展都产生了相当大的作用，可以说青木川当年的繁荣的确离不开他。别的不说，就说其创办的辅仁中学，学费全免，还规定年满七周岁的孩子必须到校读书，否则父母受罚。平常宴客，他都要把老师请来坐在上首，礼节极为尊贵，仅凭这一点，就在当地留了好口碑。因其颇具传奇色彩，就有了以他为原型的叶广芩的长篇小说《青木川》和电视剧《一代枭雄》。

在当地人的眼中，魏辅唐对青木川影响深远。但我的看法不限于此，影响最深远的还在于农耕文明留存下来的淳厚的民风民情，也就是在当地流传的"一等人忠臣孝子，二等人读书耕田"的处世准则对当地人的熏陶。因而不论是魏辅唐兴起的动乱年代还是此后的和平岁月，那些穿草鞋扎缠子的青木川人，都能遵守老祖宗留下来的规矩，不见钱眼开，不为利益所动。凡是善举公益，人人都争而出力，即使在市场化的今天，也能做到"路不拾遗，夜不闭户"，这确实了得。当然，能保持一个村落的木雕石墩，一个镇子的白墙蓝瓦，彰显其内在的历史价值与内涵，使之利在当代，惠及后世，让今人知道我们的前人曾经怎样吃，怎样住，怎样活着是一方面，更重要的是要研究、传承古村、古镇、古堡所展现的一种千年不变的精神，一种道义文脉，这也就是我们至今仍要弘扬且赖以立身处世的道德风范。

在经济突飞猛进的今天，传统村落的保护已经刻不容缓。前人给我们留下了历史见证，留下了魂牵梦绕的乡愁，那么，我们又能给后人留下什么？这确是应该思考的问题。对此，我十分感谢"中国民间文化遗产抢救工程"的倡导者，是他们让我们把前人的东西保护起来，传承下去，是他们让我们记住了过往，记住了那一片山水中曾有的乡情，曾有的炊烟。

是为序。

2024年3月20日

（作者系陕西省民间文艺家协会顾问、陕西省国学研究会

常务副主席）

中国历史文化
名城·名镇·名村丛书

中 国 历 史 文 化 名 镇

陕西青木川 | 目录

第六章
小 镇 故 事　有 声 有 色

Famous Villages, Famous Towns, Famous Cities
of Chinese Historical and Cultural Series

The Chinese Famous Historical and Cultural Town
Qingmuchuan Shaanxi | Contents

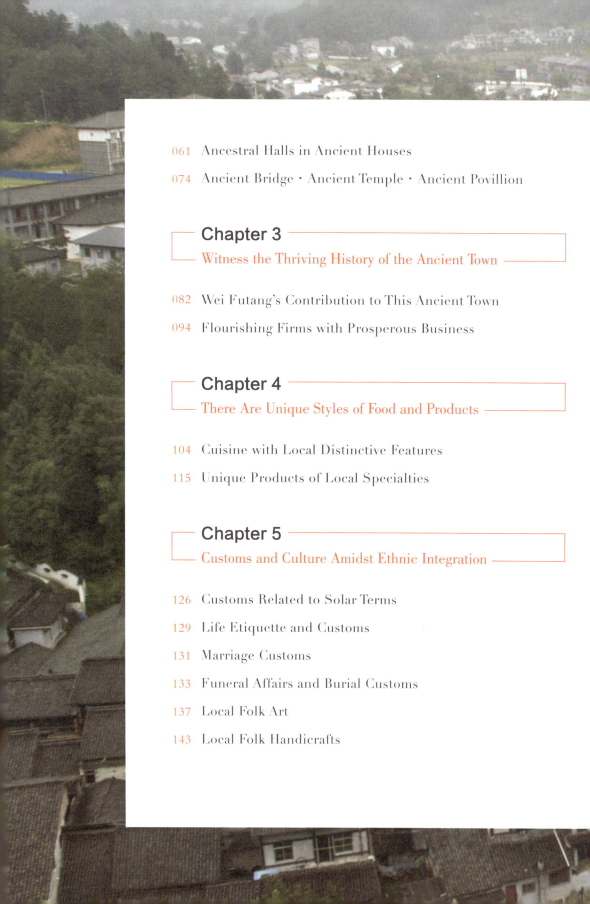

Chapter 6
Various Character Stories in the Ancient Town

引　言

中华民族，生生不息。

中华文化，源远流长。

一城、一镇、一村，既有共同之处，也各具自家风采。哪怕是位置偏僻的小村镇，只要能在历史风烟中保存至今，也会如一瓶陈年老酒，散发出迷人的魅力，让人为之倾倒。

陕西省汉中市宁强县青木川古镇就是其中一个杰出的代表，一个独具特色的存在。青木川西连四川省青川县，北邻甘肃省陇南市武都区、康县，是"一脚踏三省"之地，有"鸡鸣三省"之说。它曾是陕西入川的要道之一，秦蜀之咽喉，兵家必争之地。

从宁强县城出发，沿着康宁路，途经地势险要的阳平关，辗转一百多公里，在连绵不绝的群山怀抱之中，一幅山水家园画

↓ 青木川全景

卷跃然眼前。只见山谷间云雾缭绕，一条金溪河从西沟弯曲流向东沟，状若银龙奔腾。依山傍水而建的古建筑群连绵不断，若隐若现，美不胜收。青木川自古以来就是一块美丽而神奇的风水宝地，山因水而秀，水因山而灵，山水相映，景色迷人，风光旖旎，生态植被良好，人文积淀丰厚。

青木川古镇历史悠久，原属川地羌汉杂居区，起初这里地广人稀，林茂地荒。春秋战国时期，青木川境为白马氏所辖，南北朝时期是氏人杨氏番王国的领地。明以前属四川管辖，直至明初才划归陕西。明成化年间为永安里，清光绪年间为宁羌州西路青木川牌。

明代中期以来，湖北、山西等地的移民迁入，青木川得到较为充分的开发，当地不少古建筑便始建于明代，历经清代和民国时期的持续建设，渐成规模。建筑样式兼具川西和陕南两种风

↓ 金溪河

↑ 沿河而居

↑ 古镇古建筑

↑ 青木川建筑群

格，同时还有移民带来的山西建筑风格，并且部分民国时期的建筑体现了中西合璧的特色，极具观赏价值。

青木川的民居建筑展现了青木川古镇的历史变迁和文化风采，这些结合陕南自然条件和人文条件设计建造的住宅设计新颖，结构合理，具有浓郁秦巴地方特色，是青木川建筑文化的重要组成部分。

三省交界的特殊地理方位，使青木川成为秦蜀文化荟萃之地，当地文化风俗亦川亦陕，并带有部分陇南文化特色。羌族文化及民国时期形成的"乡绅文化"对青木川也产生了非常深远的影响。各种文化并行碰撞、交相辉映，是青木川古镇文化的最大特色。

在民风习俗上，青木川也融合了三省特色，婚嫁、丧葬习俗保留完整，独具特色。傩戏表演、唱川剧、吼秦腔、赶场、逛庙会、正月闹春等民俗具有广泛的群众基础，三月三庙会、七月十五鬼神会、牛王会、马王会、文昌公庙会等地方特色浓郁。

青木川古镇历史上虽为要塞，但

由于地处深山，曾经一度处于封闭状态，只有几条逶迤狭窄的石径连通邻省邻县，淳朴的山民靠山吃山，背扛肩挑，荷物交易，互通有无。党的十一届三中全会以后，改革开放的春风为青木川古镇带来勃勃生机，基础设施建设取得长足发展，人民生活得到极大的改善。

↑ 青木川古镇

　　如今，在党的政策指引下，当地大力发展旅游文化产业，青木川古镇因此焕发青春。古镇文化与旅游产业的融合，给青木川插上了腾飞的翅膀，带动起青木川乃至周边县镇旅游事业蓬勃发展。"一脚踏三省"的深山明珠——古镇青木川如今已经发展成为4A级国家旅游景区、全国特色景观旅游名镇、中国历史文化名镇。

↓ 远眺青木川

　　陕西、四川、甘肃三省交界地带，山高沟深，林茂地广，风景优美，这里地势险要，历史上是兵家必争之地，也是盗匪横行之地。这里是商贾云集的边贸重镇，留下了三国、明清时期的古道。青木川犹如一颗明珠，镶嵌在秦巴山区深处，"风习兼南北，语言杂秦蜀"的民俗特色，悠久的历史，壮观的古建筑群，神奇的传说，迷人的风景，让青木川显现出独具特色的魅力。

↓ 古镇远眺

第一章

秦巴明珠
传奇古镇

古镇概况

　　青木川古镇隶属于陕西省汉中市宁强县，地处陕、甘、川三省交界处，距汉中市197千米，距宁强县城108千米，是陕西最西边的一个镇。镇西是国家级自然保护区，与四川省青川县接壤，西行25千米到达青川县姚渡镇；北邻甘肃省陇南市武都区、康县，系得陇望蜀，"一脚踏三省"之地；东从广坪，经安乐河、燕子砭直抵古战场阳平关；南去20千米至古白水关，白水关为古代重要军事关隘，陆路北通秦彬、南接葭萌，水路下达巴渝，乃至荆湘，也是东汉李固解印绶处。辖区东西最远距离10.8千米，南北最远距离37.8千米，区域总面积208平方千米。

　　青木川古镇群山环绕，地势呈东窄西宽、北高南低之状，境内山脉有名者为凤凰山、明净山、龙池山、笔架山等。凤凰山形如凤

↓ 古镇日出

凰，海拔2053.5米，位于青木川回龙场老街西北约8.5千米处，也是宁强县境内最高处，山上林幽泉清，石奇飞瀑，峰峦峻峭，素有"小九寨沟"之美誉。明净山地处玉泉坝老街东北方向约5.5千米处，山势平缓，草木宜人，系休闲度假赏景的好去处。龙池山因上有龙池故名，池水清澈碧绿，波光荡漾，群鸟绕池飞翔，夕霞山光倒映，而为人所称道。因山生泉，泉流为河，青木川的水系大都依山势而生，历史上从未出现断流现象，且易发生泥石流，因而就有了"有女莫嫁青木川，七十二道河不干"的谚语。青木川的主要河流为广坪河、金溪河。广坪河发源于甘肃省陇南市康县，至玉泉坝卡子梁流入青木川，由北而南纵贯全镇；金溪河发源于西北部马家山，由北向南流经青木川街附近，汇聚西沟、南坝、黄河沟诸水，在广坪镇金山寺姚湾入四川境。金溪河产沙金，历史上沿河民众有淘金习俗。广坪河、金溪河均属嘉陵江水系而注入长江。

　　由于境内群山环绕，河流纵横，植被良好，除具有亚热带季风

↓ 金溪河边

↑ 山顶云雾

↑ 潺潺溪流

气候特征外，还具有鲜明的山地森林小气候特点，夏无酷暑，冬无严寒，年平均气温12.9℃，无霜期达250天左右。因有此良好的地理环境和自然条件，天造地设，就有着丰富多样的野生动植物资源。属国家一级重点保护野生动物的就有金丝猴、大熊猫、羚羊、金雕、羚牛、林麝、金钱豹等；二级保护野生动物有猕猴、大灵猫、斑羚、红腹锦鸡等。野生树种也有很多，其中被列为国家重点保护的一级、二级树种就有连香、杜仲、银杏、鹅掌楸、厚朴、香果树、珙桐、水青树等；列为省级保护的有粗榧、铁坚杉、白皮松、鹅耳枥、黄杨、山楂、七叶树、樟木、楠木、红豆杉等。丘陵浅山地区盛产的经济林木有核桃、柿子、板栗、竹子、漆树等，药材及土特产则有天麻、党参、茯苓、杜仲、黄连、木耳、香菇等。

根据第七次人口普查数据，截至2020年11月1日零时，青木川镇常住人口为5353人。这些人口户籍多为农业户籍。随着近年来农村产业结构的不断调整，"一村一品"的实施，农村劳动力在镇域经济结构及个人所从事的职业，也出现了较为显著的变化，劳动适龄人口在耕作之余，大多选择进城务工，部分有条件的人家则选择从事旅游业，如饮食、住宿、羌绣等行业，但这一部人相对较少。据2014年底镇政府户籍统计显示，外出打工人员占青壮年人口总数的50%，从事养殖业的青壮年人口仅占8%。随着社会的不断发展进步，旅游业的持续升温，加之国家对景区的投入，农副产品如茶叶、木耳、香菇等销量的逐年增加，青木川古镇的人均收入有了一定的提高，古镇的面貌也日新月异，呈现出了勃勃生机。

青木川不仅景色秀丽，物产丰富，而且还是中国历史文化名镇、全国特色景观旅游名镇、最具潜力十大古镇、最具潜力十大乡村游目的地。境内有各姓氏祠堂、傥骆道遗址、秦陇古栈道、魏氏宅院、回龙场老街、辅仁中学、回龙阁、飞凤桥等名胜古迹，以及金溪河等景点，可谓深山藏灵秀，惹得众人羡。

↓ 茶园

历史沿革

长期以来，青木川是羌汉杂居区，一度地广人稀，林茂地荒，直到明代中期才得到较为彻底的开发，大量人口在此时迁入。据青木川《赵氏宗谱》及赵家祠堂咸丰四年（1854）碑刻所记，其远祖系明成化年间由陕西三原县迁此；魏家祠堂现存之咸丰八年（1858）碑记，其远祖于明成化十三年（1477）自湖北麻城迁来。赵氏和魏氏都是当地大姓。而另外两大姓氏瞿氏和屠氏则于明末清初迁入青木川。

"青木川"这一地名在明代以前已不可考。明朝时始称草场坝，后建回龙寺，遂改称回龙场。明成化年间改名永宁里。清光绪至民国年间曾名凤凰乡。后因当地有一棵大青木树，遂更名青木川。

青木川曾是入川的要道之一，因为其独特的地理位置，青木川经历了太多的硝烟战火、风云激荡。

↑ 青木川——"鸡鸣三省"之地

先秦的秦惠文王伐蜀之役，行至三省交界的青木川，由于不熟悉蜀国路线，叫人刻了五头石牛，又让人将金子放在石牛身后。蜀国人看见了，以为石牛可以屙金子。蜀王便叫五个大力士把石牛拖到蜀国去。秦国大军尾随而至，灭掉了蜀国。由秦入蜀的道路就这样被开辟了出来。

　　三国时期，曹魏与蜀汉之战，邓艾攻蜀时曾率部经青木川入境南下；南北朝的南北之争，乃至明清许多重大军事活动都涉及此境。

　　明洪武二十七年（1394）文州（今甘肃文县）千户张喆起事叛明，朝廷派遣宁正为平羌将军讨平，遂经青木川回师，屯军羊鹿坪（今宁强县城）。

　　明末崇祯十年（1637），李自成与张献忠率农民起义军亦曾转战于青木川，后入川占领青川县。

　　清中叶，青木川出现过一段安定时期，人民能够休养生息，渐趋富庶，青木川的文化教育也遂有起色，家学、私塾相继开办，文风大盛，出了多位举人，据说还有进士。因为有经济和文化打基础，青木川人渐有余力修路布街，建造庙宇，开凿栈道。典雅的文昌宫、庄严的关帝庙，还有一些望族祠堂、戏楼等建筑大多在这一时期建成。

　　清同治元年（1862），云南昭通农民起义军邓天王、蔡昌龄所部，与太平军遥相呼应，为配合太平军西征，准备从南川入陕。清军派汉中镇总兵布克坦率部在宁羌州阳平关防守，派华阳营张营官部防守白水，江口营王营官部防守青木川。三月的一天，起义军从姚渡西来，在秦家垭与江口营遭遇，两军对垒，发生激战，刀光剑影，短兵相接，杀得官兵人仰马翻，溃不成军，伤亡五百余人，尸相枕藉，溪流田水尽赤。布克坦惊闻守军失利，仓皇逃窜。同治三年（1864）春，启王梁成富部与蔡昌龄部合军，累战累挫，起义军后复破青木川等隘口转战入陇南。

　　清光绪年间，遗害无穷的罂粟种植开始传入青木川，民众由种植到吸食，从吸食到贩卖，致使烟毒泛滥，几乎是无地不种罂粟，无户不吸鸦片。每逢阳春三月，满山遍野红、白、紫、粉的罂粟花迎风绽放，鲜艳夺目。到了鸦片收获的季节，毒贩云集，商贾纷至沓来，烟馆林立，赌博成风。暴发者买田置地，破落者流离失所。当时正值列强入侵，官府腐败，世风日下，盗贼丛生之际，烟赌因而泛滥成灾。这样混乱的状态从晚清一直持续到民国。

1949年10月，胡宗南骑兵第二旅旅长吕继化率残部在青木川驻扎9天，企图利用自然地形负隅顽抗，在解放军的强大攻势下，溃逃入川。同年冬，人民解放军19军171团一个营驻军青木川，执行剿匪及保卫新政权任务。

1949年12月，人民政府设青木川乡，驻青木川老街。

1953年6月，青木川乡人民委员会邻地设上坝乡人民委员会，驻地魏家砭。

1956年8月，青木川与上坝两乡合并为青木川乡，驻青木川老街。

1958年9月建立人民公社，青木川成为广坪人民公社下辖的一个管理区，驻地由青木川老街迁至魏家坝。

1961年5月，撤销青木川管理区，成立青木川公社。

1984年5月，复改称为青木川乡，属广坪区公所管辖。

1996年5月撤乡并区建镇，合并青木川乡和玉泉坝乡，设立青木川镇。

2011年末，青木川镇辖青木川、东坝、南坝、长沙坝、袁家坪、李家院、玉泉坝、后沟、蒿地坝9个行政村，下设49个村民小组。

　　2015年3月，宁强县撤销后沟村，并入玉泉坝村，村委会驻原玉泉坝村委会。6月撤销李家院村，并入玉泉坝，村委会仍驻地原玉泉坝村委会；撤销长沙坝村，并入南坝村，村委会驻地原南坝村委会；撤销袁家坪村，并入青木川村，村委会驻地原青木川村委会。

↑ 民居遗存

　　截至2020年6月，青木川镇总面积为208平方千米，辖青木川、南坝、东坝、蒿地坝、玉泉坝5个行政村，48个村民小组。

↓ 民居遗存

古迹遗存

　　青木川古镇的悠久历史可以从两处历史遗迹得到证实：一处是三国时期的傥骆道遗址，另一处是明清时期的秦陇古栈道。

傥骆道遗址

　　傥骆道又名党骆道、骆谷道，始通于三国，是穿越秦岭群山，连通汉中盆地与关中平原的古道路。唐代德宗、僖宗避兵火，均经由此路至汉中、四川。

　　傥骆道是旧时入蜀的七条蜀道之一。傥骆道北从陕西周至骆峪进秦岭，南由洋县傥水河谷出，至汉中，是褒斜道、子午道、金牛道等蜀道中最近捷也是最险峻的一条道路，古道全长约200千米。

　　傥骆道北口在周至县西骆峪（骆谷），向西南经太白、洋县，三次翻秦岭及其支脉，出傥水谷（傥谷）至汉中盆地。

　　傥骆道一线的栈道、栈桥、摩崖碑刻等遗存共发现五十余处，主要分布于西骆河、黑河、傥水等河谷，其架木或架石的栈孔多开凿于河流一侧的悬崖壁上下，个别地点的栈孔多达七十余个。栈孔以方形和圆形为主，也有马蹄形、三角形的。栈道的修造方式有平梁立柱式、干梁无柱式、依坡搭架式以及凹槽式。

　　傥骆道之名，三国时期始见于历史记载。据《三国志》记载，曹魏正始五年（244），曹爽率兵伐蜀，西至长安，"大发卒六七万人，从骆谷入"。之后，魏甘露二年（257），"魏大将军诸葛诞叛于淮南寿春，蜀将姜维乘虚兵向秦川，率兵数万人出骆谷"。到三国末期，魏将钟会统十万余众，分道从斜谷、骆谷出兵灭蜀。

傥骆道所经之地大体是：由长安向西南，经户县至周至，转西南从西骆谷入秦岭，越骆谷关，循黑河支流翻越老君岭，沿八斗河、大蟒河河谷上行，溯黑河西源越秦岭至都督门，进入汉江支流湑水上源，再向西南翻越兴隆岭至酉水上游的洋县华阳镇，由华阳镇向东南沿酉水经茅坪过八里关，越贯岭梁经白草驿，出傥谷口；或由华阳镇向西南，越牛岭顺酉水支流八里河至八里关；或由八里河谷的黑峡、大店子越岭过四郎镇出傥谷至洋县；也可由牛岭折西南至铁河，循傥水河谷至洋县。由洋县沿汉江北岸渡湑水，经流王城、城固县、柳林镇达于汉中。路线全长约765里，其中谷道约500里。

三国时期，傥骆道主要用于军事活动。南北朝时期关中与汉中分属两个割据政权，傥骆道荒废不通。隋朝对傥骆道又开通利用，并在周至县骆谷关设"关官"。唐武德七年（624），开傥骆道以通梁州。

唐中后期傥骆道使用最为频繁，特别是"安史之乱"后，皇帝、官员为求便捷，多取傥骆道往返于长安、汉中之间。朝臣文士途经傥骆道亦者甚多，行旅益盛。著名诗人白居易、岑参、元稹、韩琮、崔觐等途经此地，均著诗于傥骆道。由此可见，唐中期以后是傥骆道使用的鼎盛时期。

北宋时期，傥骆道一度仍为驿道。宋敏求《长安志》曾记载其间所经驿馆多处。南宋时与金兵军事对峙，傥骆道也发挥重要作用，金帝完颜亮分道攻宋，宋吴璘部别军姚仲出傥骆道反击。陆游《忆南郑旧游》诗有"千艘漕粟鱼关北，一点烽传骆谷东"之句。

↑ 上山道

↑ 河边路

元代以后，傥骆道荒废不通。据明嘉靖《汉中府志》记，"洋县之北，林深谷邃，蟠亘千里，为梁、雍第一奥阻"。

三国历史上的傥骆道早已荒废不通，只留遗迹，而明清时期留下的秦陇古栈道还在。

秦陇古栈道

沿古镇西北方的金溪河逆流而上，距古街5～6千米处西沟的山腰上，有一条开凿出的台阶路，栈道孔周围的石碑依稀写着"崎岖之路"，这就是明清时期留下的通往甘肃从事商业运输的长约30千米的秦陇古栈道。

栈道为清道光十二年（1832）由赵邦庆、瞿大兴等116人捐资修建，在岩石上凿有上行阶梯15级，下行阶梯44级，阶梯长者1.3米，短者0.9米。斧凿痕迹依然可见。石崖上有修路记事摩崖，共20行。

秦陇古栈道顺河而上，顺崖凿路，地势十分险峻。沿途留有不少文人墨客的摩崖石刻题字留言，具有较强的历史和艺术价值。从栈道翻越西边的凤凰山，可以到达甘肃的陇南市，是千百年来陕甘交通的重要商道。

羌人古墓群

中国西北部曾有一个以游牧为主的民族——羌族，他们生性慓悍，策马驰骋。从上古夏代到明代中期，宁强县境内一直是羌族迁徙后的聚居地，在青木川等地发现的羌人古墓群就是一个很好的证明。

青木川附近一座山上（当地人称为古山），曾经发现过十几座古墓群，该墓群面积约一千三百平方米，含四座双室石板墓和两座单室石板墓。墓群规模大，而且保存完好。经鉴定，这些由石头搭建而成的墓室为清代羌人古墓。在此之前发现的大多是单体羌人墓葬，以墓葬群形式出现的羌人墓葬在全国尚属首例。

据了解，早在春秋战国时期，大量羌人就从甘肃一带迁移到宁强西部，至今宁强县仍居住着少量羌人后裔。宁强羌人石板墓葬主要分布于宁强县境内的嘉陵江及其支流白水江流域，广坪镇、青木川镇、阳平关镇、代家坝镇和庙坝镇分布最为密集。普查中已经发现了五十多座石板墓，构造形式分为两种：一种是单室，另一种是多室。多室由相同的单室墓并联而成，有二室、三室、四室，最多的达到六室。

羌人墓在墓室结构上基本一样，都是由多块石板搭建成一个长方体，这主要源于羌人的白石崇拜情结。据传说，羌人和戈基人在打仗的时候，依靠白石居高临下占据了有利的地形，最终打败了戈基人。后来羌人对白石就有一种莫名的崇拜，所以今天看到的羌人墓室，全部是用石头搭建。

羌人墓室是研究羌族文化的重要依据。宁强境内主要有宋代和清代两个朝代的羌人墓地，墓葬多位于山坡中上部的向阳地带。墓室左右两壁常见人物、动物、植物、器皿、云纹等浅浮雕。墓穴里边放置有石棺椁，高约50厘米，用以盛放遗体，安葬后用石板封住墓穴。

据羌族民间传说，上古时羌人生下来都有一个小尾巴，这是羌人的象征。小尾巴伴随着他们征战、迁徙，无往而不胜。但到羌人年迈的时候，明白自己无法征战、迁徙了，就会经常摸自己的小尾巴，若尾巴枯干了，便是上天警示自己快要死了。为了不给家人增添拖累，造成负担，他们会带上一罐食物，钻进古山的石棺里等着咽气。家人早晚会来探视一下，要是还没有咽气，就会给他们再送一些食物。直到他们咽下最后一口气，家人才会用一块石板把墓门堵上。

在羌人看来，死亡只是意味着人离开了现实世界，灵魂却进入了祖先居住的"鬼寨"，因而死后就回到了祖先居住的"老家"，所以羌人对死亡并不害怕，认为死亡是一种超脱，是不可避免的自然法则。就像重视生一样，羌人对死亡也很看重，故而生前就要修好石板墓穴，作为自己最后的"家"。

羌人墓葬文化构成了颇具地域特色的青木川文化、景观，具有较高的历史文化艺术研究价值。

2008年，宁强县被原文化部列为羌族文化生态保护实验区。

2013年5月3日，宁强羌人墓地被国务院列为第七批全国重点文物保护单位。

一代枭雄与一座古镇

青木川古镇的独特魅力就在于三省交界处的美妙风景、独具特色的民俗风情和丰富多彩的古建筑文化。这里遗存的古建筑大多与当地历史上一位奇人有关。这位奇人治理青木川二十余年，使这个富有传奇色彩的百年古镇锦上添花，更显神奇。这位奇人便是名贯陕西、甘肃和四川三省的一代枭雄——魏辅唐。

魏辅唐，生于清光绪二十八年（1902），世居陕西省汉中府宁羌州西路青木川牌之魏家坝（今陕西宁强县青木川镇青木川村），本名魏元贵，字辅唐。父亲魏达帮，母亲杨氏，生有魏辅唐兄弟三人，他排名老三，家中只有三间瓦房，少量田产，以务农、卖油为生。魏辅唐少时曾入私塾，但生性顽劣，勇猛好斗，不肯专心读书，14岁即辍学回家，放牧、打架、种地构成了他的日常生活。1918年，年仅16岁的魏辅唐便加入红帮，后又与二哥魏元富一同加

↑ 青木川民团自卫队牌

↑ 自卫队总部

民团守则

一、不欺压群众
二、不喝醉酒
三、不抽烟
四、不赌博
五、不暗宿娼嫖
六、不往来商客
七、保护区域内财产安全
八、保护家眷出行安全
九、保护区域内民众安全
十、有事集合共同防御
无事解军规农

↑ 民团守则

入地方民团，逐渐形成了自己的势力。

1926年，魏辅唐受宁羌县警察局长李天炳指使，参与杀死青木川民团团总魏征先，并成为新任团总瞿文章属下的一个队长。第二年，瞿文章病故，魏辅唐接任团总，从此他登上了青木川的历史舞台，开始了他在青木川二十余年的主政时期。

魏辅唐上任不久，即接受当时民国县政府征调，率领民团参加南山等地的剿匪战斗，并协助邻境抗匪保民。因为参战有功，在当时的三省边区声威大震，他也从战斗中缴获了大批枪支弹药和钱财物资。加之他早年经营岳父罗家遗留的田地，任团总后多次倒卖枪支，后又纵容包庇当地人大量种植罂

↓ 魏氏宅院

粟，自己也因贩卖鸦片大发横财，继而兼并土地，可谓名利双收。

后来魏辅唐又担任过宁强县独立自卫队大队长、宁西人民自卫队总队长、陕甘川三省九县联防办事处副主任等职，官兵多时达千余人。他还与川陕边境地方武装头目联结，形成了强大的武装集团，共同雄踞于宁西一隅，先后收编了四川匪首杨凯等部，并设计打死杨凯手下秦氏弟兄2人，得到20多杆枪械，在与武都专署保安队联合作战中，又得到保安队送给他的两挺机枪、403发子弹、100条枪，以及一背篮大烟，很快形成了统治一方的特殊割据局面，成为陕甘川边界一支强大的地方武装。

↑ 魏辅唐的小轿车

武装实力强大后，魏辅唐对青木川进行了有效的管理，维持地方治安，启迪民智，倡导文明、尊师重教。他借助三边有利条件，极力促进当地商贸发展。在幕僚的建议下，雷厉风行地在青木川境域制定并实行了以下乡规民约：

↑ 武器库

1.不准欺负外来商贾，若本地人打外来人，不管有理无理，首先要处罚本地人，并派武装护送来往过路行商。

↑ 枪械遗存

2.若本地人或外来人不遵守青木川的民规民约，除不准居住，还要立即逐出牌（境）外。

3.设立戒烟所，不准年轻人抽大烟，违者要关禁闭或者罚款。

4.本地年轻人不准吸大烟赌钱，否则抓去当壮丁，即使兄弟再多也得编入自卫队。

5.不准妇女骂街，违者以不守妇道论处，吊起来用萱麻打嘴。男子打架要罚苦工。

6.禁止青壮年喝烂酒，若酒醉寻衅滋事，要拉到河边灌屎灌尿。老年人不在此列。

7.禁止随地大小便，如随意乱拉，一被抓获就地罚跪，要把尿印跪干。

8.不准暗宿嫖娼，若有人告发查实，要戴尖尖帽游街，或打扫公共厕所和街道，甚至罚款给队兵缝衣服。

↓ 乡规民约

9.不准小偷小摸，如出现偷盗，一经查获，立即打个半死，并不准再上街赶场。

10.平时只许打麻将，赌纸牌。每年正月初一到十五才准开红宝摇单双、掷骰子，除此时间外，一律不准赌大钱。

11.适龄儿童不入学读书的，要追究家长的责任，戴尖尖帽游街或关禁闭室。

12.年底要给穷苦而没有生活来源的人发钱。对学校老师，年节或平时都要请客招待，如果宴请头面人物不请老师，他（魏辅唐）也不去。

……

正是有了这些乡规民约，在荒郊野岭、地瘠人贫、交通不便、战乱频发、历来匪患盗盛、地方政府管理不力的民国时期，偏居一隅的青木川，还真有了一段繁荣昌盛的辉煌时期。

这都与魏辅唐在治理青木川外部社会环境时，注重发展地方经济，着手打造回龙场商业中心有关。

他筹集资金开办了"唐世盛"绸缎商店，销售油盐布匹，收购销售山货土特产。当年客商南来北往，"唐世盛"生意规模宏大。此建筑有西洋元素，人称"洋房子"，后来还用来接待达官显贵。

与此同时，魏家先后开设了名为"辅友社"的百货店，利用当地资源，开设"同济堂"药铺，建有土榨油坊及水磨坊，开办手工皮革厂，生产皮鞋、皮箱等皮革产品，还经营茶馆、旅店、钱庄，印

↑ 土榨油坊

↑ 荣盛魁

发小额银票且能在三省流通使用。

为了能长期留住外地客商，魏氏兄弟还在回龙场开办了休闲娱乐场所"荣盛魁"，在声色犬马中，为自己赚取了巨大的利润，也为当年的青木川在外赢得了繁荣昌盛的名气。

魏辅唐管理青木川时强调大小商号，只准诚信经营，不许欺负外地客户，如有纠纷，先处罚本地人。如果在他的管辖区被欺诈劫掠，他会一查到底，严惩不贷。据说当年有人买了一斤肉发现只有八两，告到魏辅唐那里，卖肉的人便被当众鞭打以示惩戒。

魏辅唐还是一位有想法的人，从魏辅唐的名字和商号"唐世盛"之间的关联，就不难发现他的雄心。"唐世盛"显然隐含了"辅唐盛世"之意，体现出他追求盛唐繁荣的理想。同时，他并不满足于青木川单纯的商业繁荣，为发展地方社会公共事业，教化民众，他将自己挣来的钱财一部分用于兴修水利、筑路修桥、修建学校、开办剧社等。

1938年，魏辅唐在街中巷子口修了一个简易的石桥，不久山洪暴发，石桥被洪水冲垮。于是他从四川请来十多名技术人员准备修一座砖砌的拱桥，不料快建成时突然坍塌，桥下六名工人被砸死在河中。几年后，他又叫来大量民工，决心再次修桥。这次他亲自坐镇监工，一年多以后，一座两墩三孔，桥面带石柱、石栏，长十多丈的石拱桥建成，起名"济川桥"。逢集时，这里便成了交易市场，沿桥摆放着农副特产、日杂百货，人来人往，热闹非凡。

魏辅唐先后修建石桥三座，开凿堰渠四条，还组织修通了青木川至广坪的沿河道路。

魏辅唐没上过几年学，文化水平不高，深知不识字的难处和苦处。发迹后，他决心改变青木川老百姓愚昧无知、思想守旧的面貌，因而萌发了发展小镇文化教育的想法，动员社会贤达办小学，自己办中学，还办剧社。在他的多次请求下，1941年，宁强县政府在赵家坝文昌宫办起了小学。然而孩子们小学毕业后，仍然要步行一百多里到宁强县城上中学，花费高，路途遥远且很不方便，1942年，魏辅唐就在青木川修建了私立辅仁中学。辅仁中学是当时宁强县的第二所中学，也是唯一的一所私立中学，在宁强县的教育史上前无古人。为了培育地方人才，除了在当地办学，魏辅唐还选送乡里贫困聪明的孩子出外念书深造，前后向外派送了三批学生。

1941年，为了显示地方实力，吸引客商，丰富群众文化生活，魏辅唐派人到成都置办了一百多套戏装，在青木川成立"辅仁剧社"，连续演戏两个多月，慕名而来的甘肃、四川观众众多。演员是当地老师、学生和社会青年，演技虽不高，却赢得了喝彩声声。魏辅唐爱看戏，凡有演出他每场必到，从不缺席，一直要看到闭幕为止。有时候，他还在后场帮忙。他不主张用演戏来给别人祝寿、拜年、贺喜、吊丧，只是鼓励学生学演学唱。逢年过节，辅仁中学白天演戏，晚上搞灯会游行，穿街走巷，用这些戏装道具打扮角色和灯船，热闹非凡。

在魏辅唐的苦心经营下，青木川被打造成了商贾云集、高度自治的富庶之地，当地百姓过着"世外桃源"的安逸生活。魏辅唐治理青木川时，回龙场老街店铺林立，商贾云集，烟馆、茶馆、酒肆、客栈、货栈、药铺、银铺、油坊等，招牌耀目，酒旗飘荡，回龙场逐渐成为陕甘川三省交界地带最繁华最有名的商贸场所，远近闻名的"唐世盛"等商业及文化机构也都聚集在这里。当时的青木川古镇，店铺摊点鳞次栉比，亭台楼阁精巧别致，买卖商客繁忙交易，盗贼敛迹，地方安稳，小镇显现出在动乱战争年代少有的繁荣景象。据说，汉中府的人还没见过玻璃窗的时候，青木川的居民就已经用上了玻璃窗，当年的繁华与富庶，由此可见一斑。

因而，当年就留下了这样一段顺口溜："七十二行，三辅（辅

 ↓ 辅仁中学

友社、辅仁剧社、辅仁中学）一唐（唐世盛）。"足见魏辅唐为青木川的社会经济、教育、文化发展倾注的财力和心力。

青木川的古建筑大都修建于民国时期的魏辅唐时代，而围绕他的故事和逸事也大都发生在这条老街上。

1949年底，陕南全境解放，解放军19军57师171团进驻宁强。在共产党人黎民觉、刘甲三多次秘密奔走和策动协商下，魏辅唐对共产党的政策和当前局势有了一定的了解。在此期间，魏辅唐拒绝了国民党残余势力将其队伍改编为"忠义救国军"的建议，自愿接受黎民觉提出的不与解放军为敌的数项要求。1950年1月，魏辅唐带所部三百余人到宁强县城接受学习整编，并分两次交出大量枪支武器。

然而，就在魏辅唐学习期间，其原部下魏震寰、瞿映章等人仍在密谋"打进宁强县城把魏辅唐抢回去"，并派人与魏辅唐联系，但魏辅唐心意已决，坚决不同意。此后，魏辅唐相继被关押在汉中、勉县、南郑等地。

1951年8月，宁强县人民法院将魏辅唐案上报陕西省人民法院南郑分庭，分庭审理后转报省人民法院呈陕西省人民政府主席批复，于10月4日下达死刑命令。

1952年4月，宁强县人民法院以反革命恶霸杀人罪判处魏辅唐死刑，剥夺政治权利终身，并没收个人全部财产。4月27日，魏辅唐被枪决于青木川辅仁中学操场，同时被枪毙的还有他的兄长魏元臣。

1986年4月，中共陕西省委将原国民党宁西人民自卫总队定为投诚部队。经有关人士呼吁和中共宁强县委复查，1987年5月25

日，宁强县人民法院对魏辅唐一案重新审理，认为魏辅唐虽有罪恶，但后未犯新罪，且属投诚人员，故对魏辅唐不予追究刑事责任，并撤销了1952年的刑事判决。

生前，魏辅唐先后娶妻六房，原配罗氏，娘家家境殷实，早逝。二妻唐氏、三妻赵氏和六妻赵氏在魏辅唐死后均改嫁。四妻杨氏亦早逝。五妻瞿氏瑶璋为魏辅唐生有二子，2005年去世。

如今，魏辅唐的大儿子魏树武在青木川古镇中街魏氏宅院入口处开办了辅仁书坊，主要签售著名作家叶广芩以魏辅唐为原型创作的长篇小说《青木川》和传统文化书籍，用来纪念先父为青木川所作的奉献，并亲自坐堂，对游客讲述魏辅唐的故事，虽然辅仁书坊铺面不大，但也成了老街一道怀古的风景。

2014年，随着电视剧《一代枭雄》（根据历史原型人物魏辅

↓ 魏辅唐之墓

唐改编）的热播，许多人在寻找陕西省的"风雷镇"，而"风雷镇"其实就是青木川古镇。

　　岁月悠悠，山水依旧，青木川金溪河依然东流不息；世事苍茫，物是人非，旧时的青木川畸形繁华不再；华丽转身，古建依旧，如今国家4A级旅游景区青木川古镇惊艳世人。

　　回望青木川历史，无不感叹魏辅唐的远见卓识和雄才胆略。如果没有魏辅唐的魄力，也许青木川只是一个普通的山野撂荒小集镇。虽然魏辅唐也有不少过失和局限，但正是他的运筹帷幄，为世间留下一个繁华古镇。当年，青木川因为魏辅唐而富庶繁华；如今，青木川又因为魏辅唐而声名远扬。作为青木川的传奇人物，一代枭雄留下了数不尽的逸闻趣事和传奇故事。

↓ 民居屋脊

古镇新貌

改革开放以来，陕西省宁强县委、县政府将青木川文化旅游名镇建设作为全县旅游业发展的突破点，提出建设"明星大镇、旅游强镇、文化名镇"的发展思路，依据总体发展定位先后编制了青木川旅游发展总体规划、青木川文化旅游名镇建设规划等，并按照"修旧如旧，建新如旧，保持原貌"的原则，对古镇一大批珍贵的明清古建筑进行了修复。

↑ 世外桃源青木川

青木川镇依托资源禀赋，发挥区位优势，着力打造"世外桃源、传奇古镇"，当地紧抓全省文化旅游名镇建设的契机，重点在景区拓展、精品打造和旅游服务配套建设等方面做文章，坚持"保护与开发并举，古镇与新区相融"的原则，将新区开发建设与陕南移民搬迁、新农村建设和省级重点镇建设相结合，建成景区入口服务区和停车场、旅游步道、景观平台、三星级厕所，向国家5A级景区的标准看齐。

除了用国家5A级景区的标准来不断提升景区服务，还通过积极举办文化活动，以及文学作品、影视片等形式，扩大青木川在国内外的影响力和美誉度。以小说《青木川》、电视剧《一代枭雄》为代表的文学影视作品，在广大观众中引起强烈反响。

通过在"活、美、靓"三方面下功夫，狠抓旅游服务、项目建设、宣传营销，全力推进"一河两岸"景观带、瞿家大院修复等11

个重点项目建设，完成投资6300万元。积极打造羌族风情街、农耕文化园、孝亲体验、童趣广场、水上乐园等项目。开通了西安、兰州等地到青木川的旅游专线，成功举办"宁强县·青木川杯"五国拳王争霸赛，促使古镇旅游呈现类型丰富、层次多样、前景广阔等特点。

在景区市场拓展方面，坚持主动出击，"走出去，请进来"，通过专场推介会、媒体见面会、邀请旅行社赴青踩线等形式深入开发陕甘川三省客源市场，做到生态共享、互利共赢，积极与周边景区合力打造良好的旅游环境，力争为游客提供一个安全、健康、规范的旅游市场；同时，持续坚持文化引领、深度开发，创新思路，按照打造"国内一流、国际知名"景区的要求，突出地域优势，彰显文化特色，从而形成陕甘川三省交界的旅游休闲度假中心。

2002年8月26日，陕西省人民政府第16次常委会批准，成立青木川马家山自然保护区。2007年4月申报为国家级自然保护区，更名为青木川自然保护区，并通过了初审，2009年9月18日批准为"青木川国家级自然保护区"。

2008年汶川大地震，青木川镇受损严重，直接经济损失达2.45亿元。地震导致青木川保存最完整的古建筑群魏氏宅院部分屋脊和墙面开裂坍塌，一片狼藉。建于明成化年间、长800多米的回龙场老街也遭到破坏，许多老宅已经坍塌。从2008年7月开始，宁强县对青木川古镇进行维修，现已维修结束，古镇整体风貌保留如初。

青木川镇在地震灾后重建的过程

↑ 古镇新貌

中，依托优美的自然风光和丰富的历史文化遗存，规划了以青木川老街建筑群、魏氏宅院等国家重点文物保护单位为主的历史文化景观带，以青木川自然保护区、金溪河等为主的自然生态景观带，以广坪烈士陵园等为主的环线旅游景观带。

↑ 热闹的青木川老街

2010年3月，青木川镇荣获全国特色景观旅游名镇。

2010年10月，青木川镇获第五批"中国历史文化名镇"荣誉称号。

2011年11月，顺利通过全省最美小城镇验收，同时被评为全国最具潜力十大古镇和最具潜力十大乡村游目的地。

2013年，青木川镇被列为"陕西省文化旅游名镇"和"陕西省历史文化名镇"；魏氏庄园、青木川老街建筑群也被国务院列为第七批全国重点文物保护单位。

2014—2016年，青木川古镇成功创建国家4A级旅游景区，连续三年在全省文化旅游名镇考核第一，旅游综合收入逐年攀升，景区建设质量不断提升，旅游品牌影响力逐年扩大。

随着西秦关城楼、新街十字栖凤楼、垃圾填埋场等工程陆续建成，以及2016年10月20日宁强县政府与北京中科博道旅游规划设计院有限公司签订青木川景区创建国家5A级景区全程服务框架协议书，青木川古镇国家5A级旅游景区创建工作正式启动。

2019年12月，第四批中国20世纪建筑遗产项目在北京公布，汉中市宁强县全国重点文物保护单位青木川魏氏庄园入选。

　　2019年12月，陕西省旅游资源开发管理评价委员会组织召开"申报创建5A级旅游景区资源与景观质量专家评审会"，经评审，汉中市青木川景区达到了申报创建国家5A级旅游景区资源与景观质量的基本要求，同意包括青木川景区在内的4家景区通过此次评审，并将结果报送全国旅游资源规划开发质量评定委员会。

　　2020年7月29日，青木川镇被全国爱国卫生运动委员会命名为"2017—2019周期国家卫生乡镇"。

　　统计数据显示，2013年以来，青木川镇累计实施各类文化旅游项目49个，完成总投资4亿元。2017年的统计数据显示，青木川古镇累计接待游客162万人次，实现旅游综合收入7.62亿元。2019上半年，青木川镇接待游客96.7万人次，实现旅游综合收入4.46亿元。青木川镇已发展餐饮、住宿、旅游商品等各类商户350余家，外来商户达37%，外来投资企业30余家，为景区发展注入了活力，直接带动当地3500人就业，间接带动545人就业。

　　陕西青木川，这颗秦巴山深处的明珠，已经发出了耀眼的光芒！青木川镇已经陆续获得了国家级11项荣誉、陕西省级5项重要荣誉，分别系国家级自然保护区、国家级重点镇、国家4A级景区、中国历史文化名镇、中国传统村落、全国特色景观旅游名镇、全国最具潜力十大古镇、全国特色小镇、全国百家避暑小镇、最具潜力十大乡村游目的地、国家卫生乡镇，陕西省文化旅游名镇、陕西省最美小城镇、陕西省旅游特色名镇、陕西省文化产业示范基地、陕西生态镇。

　　如今的青木川古镇青春焕发，名扬海内外，五湖四海的观光客正在纷至沓来，流连忘返！

　　青木川古镇自然条件优越，山高景幽，林茂草青，碧水环绕，生态环境良好，传统老街区和古老民风民俗独树一帜；当地的生活饮食、节庆典礼都具有独特的风情；古宅、古祠堂、古题刻等都展现出古镇悠久的历史和深厚的文化底蕴，极具观赏价值，也吸引古今文人骚客前来题咏观光。

　　青木川古镇始建于明代，历经清代和民国时期的持续建设逐渐形成规模。现保存有古朴独特、雕梁画栋、风格典雅的古建筑群落80余处，其中以回龙场老街、魏氏宅院、瞿家大院、回龙阁、飞凤桥为主，它们是珍贵的历史文化遗产，在坚定文化自信的今天，尤值得我们尊重和保护。

第二章

明清老街
民国建筑

↓瞿家大院大门

回龙场老街

　　青木川镇最具风情的古建筑群排列在回龙场老街。回龙场老街是青木川古镇老街的传统称谓，这里依山傍水，沿蜿蜒的金溪河布局，随河弯曲而建，平面呈弧形。金溪河绕着古镇转了个弯，古街被河道拉成了弧形，形似一条卧龙，因而得名。

　　回龙场老街始建于明成化年间，形成于清中叶，自清咸丰以来陆续修建，始形成商业中心。民国时期，魏辅唐对青木川古街进行了规划和整治，进行了大量扩建和维修，使其在建筑风格上基本保持一致，原有布局保持不变。这些建筑，或中西合璧，或造型奇特，或气势恢宏，无不展示了青木川人的灵气和大手笔。回龙场老街在20世纪40年代繁盛于一时，曾是陕甘川三省交界地带最繁荣、最负盛名的商业、信息和文化交流场所之一。

↓ 沿河而建的回龙场

回龙场老街自下而上蜿蜒延伸868米，街道宽约4米，总面积达4万余平方米。街道两侧分布着明清和民国时期不同风格的古建筑，占地面积约1万平方米，保存度达80%。现在老街上近百户人家的房子大多是临街的商铺和曾经豪华的四合院，二进二出的两层结构。其中清末古建筑20余处，古建筑房屋260余间；颇具明清风格的民国时期的古建筑50余座，错落有致地连缀在一起。

↑ 俯瞰老街

这些不同时期不同风格的古建筑群，或古色古香，雕梁画栋，或西方教堂式，或中西合璧，风格典雅，有的为民间吊脚楼式，还有模仿船形的，造型奇特、气势恢宏，尽显古镇的静谧安详，是不可再造的历史文化遗产。

↑ 老街牌楼

这些保存完好的古建筑群，当初都是繁华的商铺，有洋货行、制革厂、钱庄、商户、烟馆、茶馆、酒楼、旅店等。其中最有名的唐世盛、荣盛魁、荣盛昌、辅友社等商业文化场所都在这条街上。

魏辅唐主政时期，回龙场老街是非

↑ 老街面貌

↑ 全国重点文物保护单位青木川老街建筑群

常繁华的集贸市场，逢集时人头攒动，人声鼎沸，河南、甘肃、四川等地客商来此做贸易，商贾云集，最多时一天可达万人。青木川镇93岁的魏元斌老人清楚地记得，当年青木川来往客商很多，街道很繁华。独特的地理位置和宽松的营商环境，让青木川这个居川陕大山的小镇，成了一个勾栏酒肆、典当医馆、车脚牙行无一不有的繁华之处。

整条回龙场老街由青石板铺筑，走在沧桑古老的青石板路上，静谧，安详，岁月仿佛在这里静止，唯有街边坐着晒太阳的老人才能说出青木川曾经多么的辉煌。

历经沧桑，老街曾经几度遭洪水冲毁。汶川大地震时，老街古建筑也有不少被破坏。为了发展旅游业，当地政府曾组织社会力量对青木川老街进行了大规模修缮。在实施文物保护性"修旧如旧"改造后，一座座老宅恢复如初，石板铺街，青砖回廊。整条街道两面的建筑物隔一段就布置一壁防火墙，每个院内都设有蓄水的"太平池"，建筑样式兼具川西和陕南两种风格，部分建筑还体现了中西合璧的特色，具有民国风情。2012年，回龙场老街留有住户123户，街面房屋253间。每逢集市和节假日，这里依然人来人往，热闹非凡，回龙场老街风采依旧。

2013年5月3日，青木川老街建筑群被国务院列为第七批全国重点文物保护单位。

古宅宗祠

魏氏宅院

青木川魏氏宅院是青木川保存最为完整的经典民居，位于距离回龙场老街对面不到一里路的魏家坝，占地6600平方米左右，并排有老宅和新宅两座，两宅相对独立又连成一体，外观像北京的四合院，坐北向南，建筑面积2000平方米，俯视呈"田"字形状。

青木川魏氏宅院建于民国时期，老宅传统古朴，新宅融入了很多西洋建筑元素。两宅都是带天井的二进二层院子，都有长达7米的青石铺就的走廊，这些青石当年都是背工们背回的。前廊后厦的格局以及精雕细刻的窗棂门楣，都显现出魏辅唐当年的气派。

↓ 魏氏老宅外观

新老宅院宏伟壮观。两座宅院建筑风格虽然不同，但由于魏辅唐的特殊身份，都具有办公、居住和安全防护体系。跨过高高的门槛走进宅院，警卫室、会客厅、大堂一应俱全。由此可见，当年魏辅唐还真是排场十足。

老宅建于1927年（一说1929年），占地面积1000平方米，为魏辅唐住宅。老宅四周高处都有枪眼，曾常年重兵把守，宅院前面的一条小溪是山里凿来的泉水，以备不时之需。

老宅分前后两进加一个过厅，共有房屋61间，是典型的中式建筑。院内青砖素瓦，飞檐翘角，门窗雕花镂空，饰有花虫鱼鸟，做工精细、布局完美，显示了陕南古建筑的精致华丽。地面用白石灰、油黄泥、桐油、糯米粥等混合铺就，光滑有弹性且坚固，至今没有磨损。宅院背靠凤凰山，面对龙池山，有"凤凰遥对鱼龙池，神仙居所度晚年"之说。

老宅正房门前两根木柱子的基石，是四对一公一母精美生动的石狮子。老宅后院，顺着青石台阶上去，迎面的正厅，是魏辅唐的母亲念经拜佛的佛堂。

整个建筑无论雕花门窗，还是浮雕石刻，都非常精美，令人叹为观止。庭院里对称搁着两口青石水缸，被称为"太平池"，平时养着金鱼，供人观赏，急时用于防火，取水灭火保屋。

魏氏老宅有魏辅唐母亲及六房姨太的住处。太太们各有门户，有小婢侍侯。魏辅唐规定女人们不得干预地方政事，不能替别人说人情。女人间谁对谁有什么意见，必须先向魏辅唐说明，听候处理，私下不能争吵、谩骂、动手。这类事情如有发生，双方都要挨打罚跪。

魏辅唐曾娶过六个老婆，他最喜欢的第六房姨太太小赵却住在坐北朝南最不起眼的一个角落的偏房里，这一点很令人意外，可是根据当年一些当事人解释，魏辅唐这样安排是有玄机的。小赵的房间里有一扇通往老太太房间的暗门，魏辅唐常常借着探望母亲的机会进小赵房间，据说他这样做是为了避免内宅不和、妻妾生隙。由此看来，他在料理家事方面还是相当有分寸的。

因住在老宅的魏辅唐生养了五个女儿，只生女不生男，阴阳先生认为老宅背倚凤凰山，怀对龙池山，凤凰戏龙池，只能生女不能生男，建议魏辅唐在老宅旁新修宅院，即现在的新宅。再加上魏辅唐觉得老宅不够安全，所以他就在老宅的右边又建了新宅。

新宅建于1932年，背依山峦，面向河水，门前是宽敞的空场坝。新宅和老宅相比，更多地融入西方的建筑风格和近代建筑文化，简洁宽大，庄严肃穆。新宅建成后，魏家还真有了两个男孩。

新宅原有三进。第一进主要用于粮油加工和仓储，有警卫室、弹药库，还有榨油坊，后被拆除。改造后的新宅由两个造型一致的四合院构成，砖木两层结构，整个建筑呈轴对称图形，有点宫殿的韵味。建筑材料均为大青石、砖、瓦，檐坎、台阶由五六米长的青石条做成，天井地面全由石板铺筑，整齐划一。柱子、楼梯、楼板、扶手均为木制，小方格双扇门窗相当精致。不管是青砖、青石或木制材料，至今都未显现腐朽的迹象，可见当时选料的严密。当年大型材料的搬运都是人力采用滚木推、撬、拉的办法，可想耗资之大。

新宅高大气派，它的生活和防御体系非常完整，高墙上端四周都有枪眼，易守难攻。背倚山峦，正面是宽敞的空场坝。据说后院

魏氏宅院

老宅内景

中式风格的老宅，庭院中有一对太平池

老宅内景

典雅的卧房

西式风格的新宅

新宅影壁

还有暗道机关，如防守出了问题，可从暗道出院，从后山脱逃。两套宅院，在当时的宁强县也属最豪华。新宅院因为新中国成立后曾做过林业部门的办公室，保存得比较好。

新宅建成后便作为魏辅唐的政务活动中心，而老宅成了生活区。新宅旁还建有两进小院。前面是给路人或穷人开舍饭的舍膳房，后面是下人做饭吃饭的用膳房。舍饭有规定，不舍闲人，只舍一次，想吃第二次就得干活。另开有小灶供魏辅唐及其家人用餐。如有客人，招待一般在小灶上，并区别情况请陪客。

新宅小院子的厨房外是当地有名的辅唐泉，有"莫道济南趵突泉，更有魏公辅唐泉"之誉。辅唐泉用地下暗道引流一公里外的山泉水，始建于民国二十六年（1937）。新宅院建成后，主要用于安全饮水和防备被围困时取水。用很深的地下暗道引流至此，道上覆土植树，外人很难找到水流。此泉天干雨霖都不浑浊，且水量充足，供附近两百多人饮用。如今，尽管通了自来水，但魏家坝当地还有人习惯饮这里的泉水。再靠右边过一小桥就是魏辅唐的骡马圈舍，骡马主要用于对外商品贸易的交通运输。土改时全部拆除，复垦为农田。

瞿家大院

瞿家大院为魏辅唐五姨太瞿瑶璋娘家大院，即瞿氏家族居住之地，面积是魏氏宅院的六倍。在宁强县来说，这也算是数一数二的豪门大户。

瞿家大院位于青木川古镇东北约1000米的东坝村，亦称瞿家沟村，与青木川同属金溪河谷，但又被山峦隔断，形成单独小河川，大院选址彰显着瞿氏先祖在动乱年代"小隐于野"的生存智慧。

瞿家大院始建于清康熙四年（1665）。据碑刻记载，瞿氏一脉源于山西省洪洞县，明成化十三年（1477）移居甘肃武都，八世祖于清康熙四年又移居青木川，距今已350余年。碑刻还记载，清道光年间瞿氏先祖耗银8000余两，修建瞿家大院。那时青木川还没有烧砖技术，瞿家宅院所用的少量青砖都是从外地转运过来的。

瞿家大院的古建筑大多是土墙和木质结构，历经几代，逐渐扩大，形成东院、西院、中院、祠堂等5套院落，现存房屋53间，占地面积3290平方米，使用面积2000余平方米。附属不可移动的文物有家族墓地、瞿家沟栈道、瞿氏山寨遗址、生产消防渠等，另有

↓ 瞿家大院

可移动文物数十件。

瞿家大院规模宏阔，门窗、门楼、台阶雕琢精美，深山农家竟然建有瞿氏祠堂，雕梁戏楼、碑刻家训，几座大院皆山峦环绕，溪水常流，形成顺应风水、气势恢宏的古建筑群。仅那气势就让人倾倒，身处其中不由屏心敛息，细心观赏。

瞿家大院在修建之初，就充分考虑生活和防火用水。开渠与溪水相连，明渠与暗沟相通，引水到大院前门，形成半月形水绕庭院状态。还利用自然落差，修建水车磨坊，既节省劳力，又能引水蓄水，方便洗涤，预防火患。在水渠间修建水阀调节水量，水旱从人，合理分配资源。这也是瞿氏家族能在三省交界的偏远地带，历经清、民国，繁衍生息350多年、20多代的根本原因。

瞿家大院历经数百年风雨，整个建筑群格局基本完好，彰显中国民间高超的建筑工艺。典型的四合院型两进院落，传统悬山顶，手工雕花脊，屋面用人字形小板瓦，主体为抬梁式木结构，一层建筑为主，偶用两层点缀，墙体采用骨架镶嵌木板或土坯结构模式。廊坊悬梁、窗扇精刻，皆雕以人物故事、飞禽走兽、卷草花卉，无不栩栩如生，就连门楣、角牙、门墩、柱础也采用水波纹饰，雅致而不呆板。天井院落用石板铺就，四角各有石缸一口，雨小接存防火，雨大则接通下水道排水；廊檐台阶用条石砌筑，并与所有院落呈回字形连接，走遍庭院不淋雨湿脚；几个院落大小天井，四周屋面的雨水归落一处，此谓"四水归堂"，取聚财之意。整个建筑群雕工精良，布局合理，方便家族老幼尊长相互关怀照应，突出的是儒家仁孝的治家理念。

瞿家大院无疑是一个家族历经明清移民、生存繁衍的标本，是中原文化在偏远山区交融扎根、不断发展的实物见证。

中央电视台《记住乡愁》节目曾讲述了这座历尽沧桑的瞿氏祠堂里隐藏着的致富秘诀：瞿家先祖来到青木川后，为了生计，家里人决定把唯一的儿子瞿琪送到镇上一户商铺里当学徒。商户家有两个儿子，于是瞿琪开始与商户的两个儿子一同学习算账。账房先生发现账目出现了错误。老掌柜的两个儿子都说是瞿家孩子算错了账，这让刚刚来到青木川的瞿家人百口莫辩。老掌柜知道后，并没有马上责难，而是让账房先生从头到尾重新核算了一遍账目，最后发现是自家孩子记错了账。于是，他严厉批评了自己的儿子，并让他们诚恳地给瞿家孩子道歉。老掌柜的做法感动了瞿家人，年轻的瞿家孩子长大后自立门户，经营起一家店铺，不管是本地商户还是外地客商，不管是大生意还是小买卖，他都一视同仁，生意越做越大，最终成为青木川最有名望的三个大家族之一。瞿家人从此就把"公平待人、公平处事"作为家规祖训流传了下来。

如今，在瞿氏祠堂的一侧，仍旧矗立着一块刻于清咸丰三年（1853）的"庭训遗嘱"石碑，石碑上刻着"均搭公平开列"六个大字。瞿家先祖希望后世子孙都能牢记，没有区别地对待自己遇到的每一个人、每一件事，才会获得人生的幸福和美满。

2008年汶川地震期间，瞿家大院也

↑ 庭训遗嘱

瞿氏碑

环水面山的瞿家大院

大院大门

精致的窗扇

精致的门扇

戏楼

有局部损毁。宁强县当地企业家王有泉满怀深情，在当地政府支持下，设法筹资收购了原本破败的房舍，本着保护文物、适度经营、良性运转原则，在尽量保持原貌的基础上，精心设计，合理开发利用，在内部打造了一个古朴典雅的民国风格民宿。还流转了大院附近几百亩地，疏通渠水，开辟茶园，让流水、茶香环绕的瞿家大院重新焕发生机。

2018年7月，瞿家大院建筑群被陕西省人民政府公布为第七批陕西省文物保护单位。

赵家祠堂及古墓

青木川西北部赵家坝村，是魏辅唐两位赵姨太的娘家，村里有

↓ 陕西省文物保护单位瞿家大院建筑群碑

一座赵家祠堂，距离镇区约2公里。

　　青木川镇赵姓人家明代从关中三原迁移至此，在青木川生活已达500年之久。赵家祠堂是赵姓人家祭祖议事的活动中心，属赵姓公有财产。据说，赵家祠堂最早建于明末，前后两进，祠堂内供奉着历代赵家祖宗牌号，墙壁绘有壁画，可惜祠堂于2008年汶川地震中倒塌，仅剩断壁残垣和柱础。

　　但祠堂北部的三座古墓保存完好。古墓呈"品"字形，有墓券、墓门、墓碑等，上面雕有花草、鸟兽、人物等图案，装饰精美，工艺精巧，栩栩如生，借此可以一窥墓主人生前显赫的社会地位和富家大绅的豪华生活，也有一定的艺术、民俗价值。祠堂和墓地占地约500平方米，现是青木川镇规模最大的古墓葬区。

↑ 原赵家祠堂内景

古桥·古寺·古楼阁

回龙寺与回龙阁

青木川古镇东沟口有座龙池山，明朝又在半山腰上修建回龙寺。金溪河在回龙场下街转了一个90度的大弯，向南奔流，复入山谷。回龙寺、回龙阁就建在这河水转弯处的东边高地上，大概取意长河蜿蜒如蛟龙，在此回曲绕山，奔腾远去，若腾蛟，寓地方文风之兴盛、事业之发达。

↑ 回龙阁

关于回龙寺的由来，有一段民间传说，说是有一条环抱小镇的山脉由东南蜿蜒起伏向北，中途又直接向镇中心奔来，至河岸边时猛然回首北望，宛若游龙，于是人们在其颈部建造一寺庙，取名回龙寺。后来寺庙年久失修，逐渐毁坏。

2010年，宁强县政府在明朝回龙寺旧址上，建造了一座三层飞檐式建筑的回龙阁，成为青木川古镇的又一重要景观。

山坡上的回龙阁高出地面数百米，站在青木川古镇老街、新街都能看见。这里是观赏青木川全景的绝佳之地，堪称制高点地标。从新街跨过追梦桥，上山一路木梯，绿树夹道，中间有一小亭，古色古香。拾梯而上，不太费力就能上到回龙阁了。

回龙阁内部有铁梯子直通阁顶，登临阁顶观光平台，360度均无遮挡，环绕一圈，移步换景，大有无限风光在阁顶之叹。举目远眺，全镇美景尽收眼底，金溪河曲折蜿蜒，古镇沿金溪河而建，新旧楼屋灰瓦历历在目，明清风格建筑星罗棋布，整个古镇宛如一条起伏的游龙。远处山上雾气缭绕，美若仙境。

↑ 凭阁远望

飞凤桥

金溪河穿镇而过，将青木川古镇分为南面的老街和北边的新街，南北两部分隔水相望。跨河连接新街和老街的正是飞凤桥，曾名济川桥、风雨桥。这是一座带屋顶的廊桥，雕梁画栋，美轮美奂，是青木川的代表建筑之一。同时，这也是一座有故事的桥。

↑ 回龙阁内景

金溪河发源于西沟里的大木通，河水清澈见底，但夏季汛期时，河水流量暴涨。镇上民众往来过河十分不便，有座桥是当地老百姓多年的梦想。

1938年，魏辅唐曾在回龙场巷子口修建了一座简易的石桥，在河中垒砌大石头当桥墩，上面铺上石板，但不久就被洪水冲垮了。

1939年，魏辅唐从四川请来砖匠、石工十多人烧砖、打石头，打算修一座砖砌拱桥。他动员全乡的青壮年劳力都来修桥，还规定凡来修桥者奖励三块银元。遗憾的是主体工程刚完工，桥面上有人担水在浇桥面，下面还有几个匠人在抹缝子，就在这时，只听"轰隆"一声，桥面承受不住重量，顿时就坍塌了，六名正在施工的工人不幸被当场砸死，还有几名工人受了伤。事故发生后，魏辅唐当即置备了棺木，将遇难者一起埋在邓家沟，并给了遇难者的家庭一笔钱，进行了善后。

经过这场灾难，魏辅唐仍未灰心。1941年，经过再次筹备，魏辅唐从四川请来了工匠师傅修桥。这次，魏辅唐不敢掉以轻心，他召开会议，调用了大量本地民工，勉励部下和民众要为青木川考虑，不要怕，要经得起挫折，总结教训，再修一座石拱桥。为了监控工程质量，他每天拿一把躺椅，亲自坐在河边监工，有时甚至不回家，让家人把饭送到工地上。就这样，每天天一亮，青木川的民众就会从四沟三坝向工地赶。数丈长的大石板拖在木架上，几十号人左右拉着纤绳朝前拽，敲石声、吆喝声，此起彼伏，直到傍晚还有人在河边喊，火把把一条河都照亮了。

经过年余时间，在魏辅唐的带领下，青木川终于修起了一座两墩三孔、长十多丈（一丈约为3.3米），桥面带石柱石栏的石拱桥，魏辅唐将之命名为"济川桥"，桥头上还竖着一块高大的石碑，记载着前后建桥的始末。

紧接着，魏辅唐又在东沟口、三河口两处修建了两座小型石拱桥。这样三桥连贯，乡民们的梦想终于变成了现实，再也不愁隔河渡水，不会望街生叹了。

1952年，在一场特大洪水中，济川桥被冲毁了。关于这场洪水，当地还有一个小故事。

当地有个媳妇说，她的婆婆是玉泉坝人，是魏辅唐三姨太、六姨太的侄女。她婆婆说1952年夏天发洪水时，当地村民看见河里有东西在游动，有一对大角，以为是谁家的牛被洪水冲走了，于是奔走相告，询问是哪家的牛。此时洪水越来越大，这头"牛"到济川桥下时，忽然身子一挺，只见十几米长的尾巴把桥身一卷，桥立马摧枯拉朽般垮掉了。村民们吓了一大跳，有人惊呼："那不是牛！是龙！"眼见洪水丝毫没有退却之意，大家怕这条龙再次兴风作浪，说时迟，那时快，邓卖客（卖客，当地人对卖商品小贩的一种称呼）赶紧跑去杀了一头猪，众人合力将猪

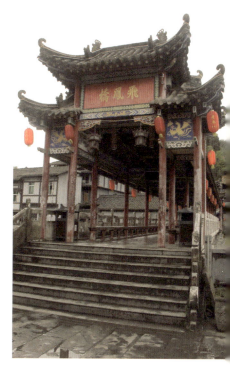

↑ 飞凤桥

扔到洪水里用于献祭。说来也奇怪，洪水就此消退了，最后这头猪还被原家坪的人捞上来了。这只是具有迷信色彩的一个故事，但是1952年那场特大洪水却实实在在地冲毁了济川桥。

1957年夏秋间，宁强县政府以民办公助的方式，由县、区、镇三级拨出经费，征调民工义务劳动，所需木材在青木川就地砍伐，经过一个秋冬，在济川桥原址建造了能遮风避雨的木板廊桥风雨桥。桥长30米，在原来的柱墩上铺架粗壮的圆木作桥梁，在桥梁上铺装厚实的木板，桥板上仿铁路双轨加压厚板条，再用大铁钉加固，两旁廊柱栏杆，顶上盖瓦坐脊，整个桥像一艘静止的大篷船，古雅质朴，雄伟坚实。

作家叶广芩在小说《青木川》（太白文艺出版社2007年版）中描写道："河上有带廊的木桥——新建成的风雨桥，比美国电影《廊桥遗梦》中的廊桥还要漂亮，那座洋桥是个封闭的筒子，而青木川古镇的风雨桥是真正的廊桥。"

风雨桥数十年间成为乡民逢集交换商品、歇场品茗聊天的最佳场所。

2002年，当地政府将被风吹雨淋、岁月侵蚀的风雨桥拆除，在原址又修建了仿古水泥桥，并且更名为飞凤桥，但民间依然把飞凤桥叫风雨桥。凤凰涅槃，腾飞而起，风雨桥迎来了它的新生命。

飞凤桥横跨金溪河两岸。桥顶是古香古色的木亭式，桥亭两侧屏风的正面上各有一只金色的凤凰在展翅翱翔，栩栩如生。桥两旁有两条既宽又长的古香古色的长木凳，游人可站立在桥上倚栏望远，感受郁郁葱葱、延绵不断的山脉绿意，欣赏古色古香的木质建筑民居；或坐在桥廊亭木凳上沐浴清风，近距离地赏金溪河碧绿清澈的河水，听金溪河缓缓流动的弦音。

至此，由古镇当年的传奇人物魏辅唐修了垮掉、垮掉了再修的风雨桥，也就是如今镇政府在原址上仿制原样重建的水泥廊桥，八十多年中经历了五次变迁，饱经风雨，如今的飞凤桥成为青木川古镇的标志性建筑之一。

栖凤楼

栖凤楼因位于青木川回龙场老街西北的凤凰山而得名，但最早建于何年何月，众说纷纭，亦无从考证。

从新街口往街心瞭望，大约一二百米处，处于十字口黄金位置的高大建筑，正是栖凤楼。栖凤楼雄伟壮丽，飞檐翘角，其建筑布局很像西安的钟楼，四街拱卫。

栖凤楼共有三层，约三十米高。一层为拱门式建筑，熙熙攘攘的行人可以从拱门下穿梭而过。

在拱门的旁侧有一个旋转楼梯，沿着狭窄的楼梯，登临其上，第二、三层上均有回廊，站在回廊上，楼下景致一览无余，可以从不同角度俯瞰青木川。

栖凤楼东西南北各有一条街，每条街上有商铺、客栈、酒吧、饭店等，热闹非凡。从楼下十字口南边一条小街走一百米，就是金溪河上的飞凤桥，桥对岸就是老街。

↑ 栖凤楼夜景

夜晚的青木川，四条街华灯璀璨，位于中央的栖凤楼，犹如一颗闪闪发光的夜明珠，美不胜收。在栖凤楼的照耀下，夜晚的老街也别有一番风味。那时的老街在灯光的衬托下，古色古香的建筑在星光点点的夜空下焕发着迷人的光彩。青石板路更显历史的痕迹，驻足侧耳，仿佛能听见古人的脚步声，诉说着岁月的故事。

↑ 栖凤楼

秦巴山深处的隐秘古镇，穷乡僻壤的惊艳繁华。民国时期魏辅唐掌管下的青木川古镇，商铺林立，交易兴隆，名镇三边。中西合璧、富丽堂皇的"洋房子"唐世盛寄托了魏辅唐的梦想；古镇的金融中心辅友社直接印发银票，流通陕甘川三边；荣盛昌百货店的世外"洋货"引领时尚，被誉为青木川古镇当年的世界之窗。还有培养英才的辅仁中学，寄托了人们对未来的期待。昔日的青木川古镇，商业繁盛，可谓：生意通达三川，繁华尽在金溪河两岸。

 第三章

昔日古镇
繁华见证

↓辅仁中学新校门

"三辅一唐"

青木川有"三辅一唐"（辅友社、辅仁剧社、辅仁中学和唐世盛），这都得力于魏辅唐。

辅友社

辅友社是青木川回龙场老街商业帝国的金融中心，曾有青木川古镇的"华尔街"之称。辅友社位于老街回龙场中心位置，与唐世盛大院相邻。两院前面相连，后院相通，是青木川对外政治、经济、文化交往与活动的中心，昔日的盛况可想而知。

辅友社原先是钱庄，也就是当时的银行，魏辅唐为扩大商业

↓ 辅友社

贸易往来，吸引外来客商，曾直接印发过银票，在陕甘川一带流通。民国年间兵荒马乱，商家做生意来往都用金、银等金属货币，带在身上，既显眼招贼，又负担沉重，哪有银票随身携带方便。青木川辅友社能直接对外印发银票，可见当时商誉良好，也足见魏辅唐的影响力。

辅友社除印发银票服务于商业流通，还放贷款给当地农民，用于经商、置业和农事生产，因而具有一定社会公益性质。

当时规定，置业和经商必须付利息，农事生产视情况而定，当年丰收要付利息，歉收或遭灾第二年再付或减半付；如果接连遭灾，可免除利息，甚至本息全免。

↑ 辅友银行

辅仁剧社

民国年间，战乱频仍，极少有娱乐活动和场所。青木川古镇是"鸡鸣惊三省"之地，离四川很近，当地人历来就有喜欢看川戏的风俗，早年也组织过"打围鼓"唱板凳戏。青少年时期的魏辅唐爱看戏，也参加过这种活动。他在青木川当权以后，随着财富的不断积累，他就想搞一个剧社，用以接待宾客，扩大青木川的影响，让当地民众在闲暇、节日期间有戏可看。

恰巧勉县人赵成贵领着他的戏班子到青木川来演出，因赵成贵赌输了钱，脱不了身，经人说合，便把戏箱折价抵卖给魏辅唐。

但戏箱的衣物道具破烂不堪，不合魏辅唐之意，不久魏辅唐便转卖给后山周宝臣。经一番整治刷新，添配行头，周宝臣成立了"宝中社"，在周边各地亮相演出。

当时周边各个地方势力，角逐竞争，相当激烈，凡事都要比高较低。魏辅唐生性好胜，想压倒别人，急于搞一套超群出众的戏箱来显示实力，争取领先地位。

魏辅唐武装包庇种烟，具备了雄厚的经济实力之后，即派善于交际的四川人陈顺安和老实可靠的本地人赵守宝二人，携带大批鸦片烟，到广元销售换来巨款，到成都购置了全套崭新的戏箱回到青木川。消息传开，全川哄动，人们蜂拥而来争相参观，无不啧啧称赞，齐声叫好。

↑ 辅仁剧社牌匾

青木川古镇有了自己全套新的戏箱，便有人提议："本地有了箱子，学生、青年又会演戏，看戏就不困难了，也给地方上增添光彩，但也得有个名呀！"魏辅唐想了想，当即就起名"辅仁剧社"。

从此，每逢过新年和庆祝民国政府"双十节"等盛大节日，辅仁剧社便在青木川的凤凰乡中心小学排练节目，开展庆祝活动，让当地群众饱享眼福。

几年中，剧社除演出川剧外，还演出了很多场秦腔传统剧目。其中受到群众好评的有折子戏《调寇》《苏武牧羊》《花子拾金》《探密》《访友》《祭灵》《柜中缘》《二进宫》《游龟山》等十多出。演员都是学校老师、学生和社会青年，演技虽不高，却赢得了喝彩叫好，观众异口同声赞美"装得像，演得好"。

1947年8月，魏辅唐开办的私立辅仁中学建成，他把庆祝"双十节"和学校成立典礼合在一天，同时举行。这次宁强周边政要、川陕商贾、名流骚客集聚，观众人山人海，辅仁剧社发挥了极大的影响力，演员大放异彩，更为魏辅唐挣得了体面。白天剧社演了几折秦腔戏，傍晚又开始了声势浩大的提灯会游艺活动。

提灯会游艺时，拿出戏箱上等衣服来打扮角色和灯船，分别装扮出了高脚社火、龙灯、狮子、彩莲船。游艺一开始，满街都是紫蟒红裳、金盔亮甲的戏装人物，彩带飞舞，金光耀眼，锣鼓喧天，筝弦齐鸣，人似潮水，震荡了青木川金溪河两岸沉寂的夜晚。

魏辅唐很爱护戏箱，平时严加封锁，放置严密之处，没有他的命令，谁也不敢轻易开启。一次在演出中，有个学生不小心把帽翅折断了一根，他就大发雷霆，严词责备。另一次有个队丁在收拾戏服时，无意中扯破了袖口，即遭到一顿臭骂，还挨了一记耳光。如果有人要借用服装道具，魏辅唐便断然拒绝，一概不允。

魏辅唐极爱看戏，凡是演出他每场必到，从不缺席，一直要看到闭幕为止。有时候他在后场笼笼头盔；在前台敲敲家什。他多次表扬教演戏的学校老师，鼓励学生学演学唱，更不反对女子演戏，凡是演唱好的学生都发给一些文具作为奖赏。

辅仁剧社不但招牌硬，演员阵容也比较强，其中有几个演员，在汉中都是驰名的，如擅演红生的祝慕民、丑角王福民等，石克强演技虽然平常，但记戏很多，被称为"戏母子"，其他演员也各有特长。在《斩颜良》《古城会》两出红生戏中，祝慕民把一个大义精忠、博文神武的汉寿亭侯关羽的儒将气概，活脱脱地表现了出来；像《杀驿》《古玉杯》《临潼山》中的正生戏他也演得神情逼真，深切感人。丑角王福民的拿手戏是《三请樊梨花》《顶砖》《打面缸》，他塑造的小丑形象出神有趣，挤眉弄眼的滑稽表情、插科打诨的风趣语言，都使人捧腹倾倒。还有郝长民在《三娘教子》中演的青衣和《游西湖》中的花旦，都深受群众欢迎。谢大个（小名）饰《南天门》"走雪"的老曹福，把一个殉义赴难的忠仆形象，入木三分地刻画出来。还有宁筱雨和杨新华的青衣和花旦都演得不错，观众十分喜爱。杜建民的二花脸，李新民的小生，也都各有所长。

辅仁剧社保留剧目有《双明珠》《白玉楼》《三滴血》《满床笏》《判双钉》《蝴蝶杯》《辕门斩子》《白蛇传》等二三十本大戏和四五十本折子戏。剧社成立时间短促，人员复杂，但能够团结巩固，离不开魏辅唐的声势夺人，大家都知道魏辅唐不好惹，所以不敢随意生事。同时魏辅唐也掌握演员们一些弱点，分别击破，因势控制。他在青木川对吸大烟、玩赌博这两样虽严格控制，对演员却宽松自由。演员们要是输了钱能欠下，烟瘾发了可以欠账，揽账是魏辅唐缚住演员的"捆仙绳"，此外还给个别"台柱子"一点额外甜头。总之，魏辅唐采取了多种手法对演员加以管理，进行控制，把所有演员紧紧地箍在戏班里，一个也不能脱离或逃跑。

剧社自成立起，白天黑夜在青木川古镇演了两个多月。想看魏辅唐新班子戏的观众很多，各色人等杂织。

1949年10月初，解放战争已接近尾声，青木川这时也兵荒马乱，人心惶惶，戏已不能再演下去了。魏辅唐这时想停班遣散人员，又怕丢面子，就让王福民把全班人员带出青木川古镇到姚渡碧口一带演出。碧口当时已经解放，解放军一个营住在那里，就给了剧社大力支持和保护。开始，剧社演得一帆风顺。不久解放军南下，魏辅唐又要进县交枪投诚，剧社便四处漂泊，从此魏辅唐与剧社的关系被完全割断。

1950年，王福民领着剧社边走边演，沿途有困难便典当戏衣维持生活，结果流落演唱到甘肃武都，由武都专区接管，改组为"五一剧团"，重开了新局面。

时光远逝，辅仁剧社的事已过去几十年了，但青木川人民对辅仁剧社还是念念不忘。2011年，青木川古镇在辅仁剧社的旧址上，根据原貌重建了辅仁剧社，就在关帝庙对面。

↑ 新辅仁剧社

↑ 新辅仁剧社广场

辅仁中学

青木川辅仁中学坐落于回龙场老街南面山坡的高台子上。校门上横书"宁强县私立辅仁中学"匾额仍在。新中国成立后改为青木川中学，总建筑面积约1万平方米。辅仁中学被誉为青木川古镇文明的摇篮。辅仁中学之名取于《论语》中的"君子以文会友，以友辅仁"，而辅仁的本意是培养仁德。

辅仁中学于1942年动工，占地50亩，土地由魏辅唐长兄魏元

↑ 辅仁中学校园

↑ 辅仁中学校园

臣捐献，技术工人从四川聘请，建校资金由魏辅唐负担，小工由当地农民义务担任。魏辅唐还邀请上海的建筑师来设计，学校的建筑风格整体为西式，高大宏伟，设计前卫。

建校之始，魏辅唐请刘甲三帮助草拟办学计划，先取名为蔚文中学，但因筹备不及，后来魏辅唐又任用徐之梁出谋献计施工，学校于1947年竣工落成。

学校坐南朝北，背靠龙池山，面朝笔架山，校门也是笔架形的，上书"宁强县私立辅仁中学"。周围筑有围墙，形如一个长方形大院落。据说，辅仁中学的选址相当讲究，当地有一句俗语：背靠龙池山，面朝笔架山，不出武官出文官。魏辅唐因此定下如今的位置，还让工匠别出心裁地把校门也修成了笔架形。

修建完成的辅仁中学布局合理，非常讲究传统的对称美。进入校门后两侧各有两间小房作传达室，正厅5间2层楼，两旁各有3座教室，大礼堂和教师办公楼各一座。

大礼堂可容纳近千人，其设计出自上海建筑师之手，是一座高大宏伟的西式建筑。廊外有10根砖砌的方柱，礼堂内有舞台，是专供学校召开大会、春节期间自卫队集会和辅仁剧社唱戏的地方。礼堂大门上方有一横匾，当时用彩色瓷片镶成"大礼堂"3个大字。舞台两侧还有两道横匾，上匾为"精神宣讲"，下匾为"凤凰舞台"。舞台上两边也有两道门，通向后台，两门上各嵌有对联，一副是"英才萃一堂，振翼培成鸿鹄志；广厦联三省，和声如听凤凰鸣"。一副是"文德治中华，初基先兆文明象；武功平外侮，远略应将武备修"，据说还是魏辅唐请宁强有名的文人撰写的。礼堂中粗壮的大梁上，当时记载有建校委员、自卫大队官员的名字以及修建日期，可惜后来被抹掉了。

↑ 辅仁中学落成纪念

大礼堂也是魏辅唐展示自己的大舞台，每当学校开学、毕业典礼，魏辅唐都要登台演讲、表彰教师，意在鼓励学生好好读书，将来为青木川争光。

大礼堂后面就是精美壮观的办公楼。

学校建成后，将原文庙、五谷庙等学生也招进了辅仁中学，最多时有学生600多名，先后陆续聘请了二十多名学有专长的教师。校长一职初始由魏辅唐自己担任，后即聘请宁强籍人士刘甲三为校长。

1947年10月10日，私立辅仁中学举行盛大的落成开学典礼，民国政府汉中行署专员魏席儒，陕西宁强县、甘肃文县和康县、四川青川县等县县长吴伯森、刘凤文、王孟周、王泽勉、何葆华等人以及当地民众所赠的"履道崇仁""复兴之声""厦庇群英""培育英才""功在千秋""百年树人""功在桑邦"等牌匾，可见影

↑ "履道崇仁"

响之大。

开学典礼之后，还举行了规模盛大的提灯会。

辅仁中学由魏辅唐一手创建，他不仅对教师十分尊重，而且给的待遇很高，每月薪水为7～12个大洋不等，每年还有一双劳保皮鞋，由皮革厂无偿发给。凡开架子卖肉的，每杀一头猪都要给学校无偿送3斤肉，用于改善教师和住校生的伙食。凡有重要活动或者请客，魏辅唐都要把辅仁中学教师请来奉为上宾，真正做到了尊师重教。他还规定，镇上居民必须送年满7周岁的孩子去学校读书，否则其父母要被施以杖刑。同时，学生在辅仁中学读书也全部免费，且对四川、甘肃等外地学生一视同仁。大龄生不受班级限制，可随时插班。学校除了开设常规课程，还有外语、戏曲、武术、体育等科目，外语分英语、俄语，戏曲有秦腔、川剧和京剧，目的是让学生全面发展。

其间，魏辅唐还出资从辅仁中学里选拔派送一些优秀学生到大城市，如汉中、武汉、重庆、成都的中学或大学进一步深造。这些受过新式教育的学生，大都学有所成，在各个地方贡献着自己的才华。

魏辅唐时期，辅仁中学共招收过三届学生。

辅仁中学在新中国成立后改为青木川中学。1989年9月，辅仁中学礼堂两边的教室被拆除，新建了三层教学楼。2005年5月再度进行扩建，学校总面积比原来扩大了两三倍，有教师80多人，学生800多人，是过去人数的三倍。同时，学校还聘请青木川历史见证人徐种德老人书写了"辅仁中学"四个大字，用大理石雕刻，镶嵌在新建的牌楼式校门上。原校园里只剩下大礼堂、宿办楼和旧校门三处建筑仍保持原样，还有"重修文昌宫碑"一通。

辅仁中学现在已经被列为省级文物保护单位。

↑ 陕西省文物保护单位青木川辅仁中学早期建筑

唐世盛

唐世盛，就是当地老百姓口中闻名遐迩的"洋房子"，它是20世纪40年代魏辅唐为了发展青木川的商业经济，精心修建的一座商品贸易货栈，当时被陕甘川一带往来的客商视为奇观。之所以被称为"洋房子"，是因为该建筑外观有西式石拱圆门和圆顶窗。而其内部则是中国传统的四合院，是典型的中西合璧式建筑。

唐世盛位于回龙场老街中部，高大宏伟，装点奇异，是当年宁强全县乃至三省交界地带最先使用砖木结构建造的房屋，带有一种独特的雄踞霸气，显示了魏辅唐的显赫地位和特殊声势，也增添了人们对魏辅唐的敬畏心理。

洋房子原有四层，顶层被雷击后拆除。房屋的宅基是工匠们用錾打锤敲、斩断石岩开凿的，檐后阴沟、水井、七级石阶的斧凿痕迹现在还依稀可见。房屋坐落在长而宽大的"Z"字形石基上，被用砖砌成数丈高的门墙、方柱分割成五间，木楼三层。两侧建有盘鳌坐脊的高楼，与中间"纱帽头"恰成一高耸入云的"山"字形建筑。

唐世盛门槛的石条外圆内方，象征容纳天地；高大的木门上安有铜环，木门上面二层的壁匾中书有"复兴之声"，两旁有魏辅唐为抗战捐款的简叙和民国县长吴伯森题赠匾的时间；三层有泥塑浮雕"鹿鹤同春"；四层在"纱帽头"外塑有进宝财神，内塑魁星点斗两尊神像，且有雕刻的两个龙头张口向外排水。整个墙壁或雕或塑的人物、文字、花草、鸟兽，皆分类用彩料涂染，显得光怪陆离，五彩缤纷，很有吸引力。各楼窗户洞开，排列整齐，可瞭望青木川景色。唯

↑ 唐世盛

底层临街三棱形钢筋窗条是从当时广元兵工厂走私运出的，可谓来之不易。

院内窗户门楣采用古典装饰，楼道走廊曲栏回绕，正厅两窗中间用大圆木板刻有李白《黄鹤楼送孟浩然之广陵》和杜牧《清明》两首诗。同样，舟泛江水、牧童杏花的雕工亦非常精细，惟妙惟肖，极富诗情画意。院中高悬五道金字大匾，有魏席儒亲书的"国栋家干"，王孟周所赠"望重乡里"，刘凤文所赠"崇文尚武"，三层还悬挂有"振兴中华"的壁匾，到处都呈现出一派富丽堂皇、文采充溢的豪华气象。

院中有两口雕刻精细的大石缸，平时养有金鱼，鳞光闪闪，逗人取乐。缸正面刻"太平池"三字，背面刻"鱼龙变化"和"鸟语

花香"图案，侧刻陶渊明的诗句及打造时间。石缸是用来防火灭火的安全设备。上部碉楼用来架设机枪，这些设施均体现了魏辅唐有备无患的心态和做法。

洋房子最早为"唐世盛"绸缎商号，现在的洋房子门面还留有"广通货栈"字样。后来洋房子作为接待站，招待政府要员。中华人民共和国成立前夕门口高挂"宁西人民自卫队总部"的标牌，内设办公室，有全套沙发、高橱文柜、办公桌、穿衣镜、电话、留声机等专用设备。由于魏辅唐当年曾在洋房子办公，所以洋房子还被人们称为乡公所。

唐世盛大门两侧石柱上，雕刻着这样一副对联：

深院风和燕雀相贺，高宅日丽麟凤时来。

门楣上还刻写着这样一首诗，诗作者以一种超然物外的心理，对这里的"独立小王国"作了的真实写照：

山外青山楼外楼，行人往复任勾留。

哪管中日战事多，闲居乐土度春秋。

据说唐世盛当年曾经寄托了魏辅唐追逐大唐盛世的梦想，这从唐世盛这一建筑的豪华程度和命名不难得到印证。

繁华商号

荣盛魁

荣盛魁坐落在青木川回龙场老街中心地带，其形状像一个陆地船形建筑物，当地人便称其为"旱船房"，其也是青木川古镇的标志建筑。

荣盛魁在民国时期的青木川大名鼎鼎，这里是古镇的文化休闲娱乐中心，是酒店、招待所、歌舞厅、夜总会乃至"烟花场所"的所在地。

荣盛魁是魏辅唐大哥魏元臣的产业，功能在于休闲娱乐，主要

↓ 荣盛魁

用于接待各地外来客商，目的是让商人们能长期留下来，在"温柔乡"里享受人生，稳定并增加青木川的商贸流通。

"旱船房"一共三层，每层设置若干个包厢，仿照船舱的等级排列，各有级别门号。层数越高，级别越高，花钱越多。"旱船房"中央为花魁表演的舞台，舞台中央放着一架古筝。四周是一排排豪华包间，包间门外是雕栏画栋的回廊。过去，这座"旱船房"专门接待外省往来此地的富商巨贾，为商贾提供娱乐服务，本地人不得入内。

魏辅唐生性争强好胜，发迹后以枪杆子号令全镇，坐上了青木川霸主的位置。当年魏氏家族独霸一方，贩大烟，养民团，修青楼，设烟馆等。虽然作为当地枭雄，不可一世的魏辅唐也有着种种不甚光彩的地方，但为了发展古镇的经济，他培养教育、文化人才，也作出了不少贡献。"旱船房"的修建体现了魏辅唐善谋经济的头脑和把握市场及人性的能力。

如今从步步升高的青石阶梯、华丽的表演舞台、精雕细刻的包间门窗、精致的雕花木床和古琴古筝、名家书画等设施来看，仍可以想象这座高大建筑昔日声色犬马的繁盛。

民国年间，那些跨越崇山峻岭而来的客商，一路颠沛流离，风尘仆仆，来到青木川，见识到这灯红酒绿、活色生香的世外桃源，可以想象他们的内心是如何激荡。

在灯火阑珊的夜晚，跨进荣盛魁高高的门槛，绕过迎面古色古香的屏风，抬头仰望，纸醉金迷。在抗战年代，这真有一种"商女不知亡国恨，隔江犹唱后庭花"之感。

荣盛魁内景

荣盛魁内景

精致的窗刻

雕花木床

回廊

弹唱表演的舞台

荣盛昌

荣盛昌百货店被誉为民国时期青木川古镇的"世界之窗"。

荣盛昌百货店位于老街下部，四合院式建筑，结构考究，简洁大方，是魏辅唐的二哥、人称魏老二的产业。经营从外引进的"洋货"，如印度产的"鹰"牌洋油（煤油），还有洋胰子（香皂）、洋布、洋袜子等。可以说大到部分家电产品，小到生活日用品，这里都应有尽有，甚至山外面没见过的东西这里也有，如汉中当时都没有的玻璃、打火机。同时，荣盛昌还购销经营当地的山货土特产，如木耳、香菇、药材、竹制品等。

新中国成立后，荣盛昌百货店改为国有供销社，现在的房产为私人所有，同样也开办小商店，经营日常杂货。

如今，走进青木川回龙场老街，镇上依旧商铺众多，脚踩古镇

↓ 荣盛昌

青石板街道，眼观古镇老街商铺里当地人自己编的竹篮竹篓，自家酿的米酒果酒，还有木耳、香菇、天麻等山货土产，古风扑面而来。古镇居民悠然自得地做着各种活计和生意买卖，生活非常自在。

烟馆

烟馆，顾名思义，就是旧社会瘾君子吸鸦片的场所。

青木川古镇老街下部，有一个临街两层四合院建筑，门面上就标有"烟馆"二字。

民国时期，青木川地处陕甘川"三不管"的边陲地带，这里的地理优势和气候条件极其适合罂粟生长。魏辅唐发迹之初，主要就依靠青木川人大量种植罂粟而从中渔利，大发罂粟财。每到鸦片收获季节，天南海北的烟贩子和毒枭就云集于此，为方便鸦片交易、

↓ 烟馆

瘾君子吸食和招待外来客商、权贵，烟馆便因此应运而生。

烟馆建筑为木质结构、二层木板吊脚楼，青石板铺地，有雕花门窗。烟馆内部根据商客的贫富分成三六九等，有包间、上房、通铺。一楼是普通民众抽大烟的小房子，内有炕桌、卧具、烟灯、烟枪，一炕两人。二楼则是一屋一人的包间，是招待上层达官显贵的消费之所。

鸦片害苦了中国人，清代还引发了鸦片战争。民国年间种植、吸食大烟同样也是非法的，但官商勾结、政府治理不力，自然就给了一些不法之徒可乘之

↑ 包间

↑ 烟炕

↓ 回廊

机。魏辅唐在黑白两道上混，自然也知道这些，因此烟馆设计有两条密道，一条通往后山，一条通往金溪河畔。如果上级查烟，消息很快会通过密道传递到民团头子魏辅唐处，烟客得到消息后就提前溜之大吉了。

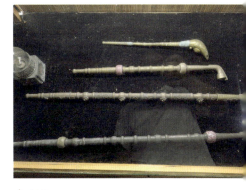

↑ 烟具

魏辅唐靠罂粟发家，经营烟馆也是为了吸引过往客商赚钱。他很懂得权衡利弊和审时度势，从不允许自己的家人和部下吸食大烟，违者严惩。当年青木川就有一条明文规定：青木川禁止居民吸食大烟，违者，杀无赦。因此在大烟种植和吸食泛滥的青木川古镇，没有一个本地居民敢违背这条命令。当然，这条禁令也成了魏辅唐后来颇具争议的一点。

↑ 烟具

烟馆被称为青木川昔日的梦幻，它见证了当年烟客醉生梦死、追欢逐笑的奢靡腐烂生活，同时也是青木川古镇经济社会畸形发展的见证。

中国民间
文化遗产
抢救工程
THE PROJECT TO CHINESE
FOLK CULTURAL HERITAGES
SOS

在陕甘川交界处的青木川，不仅可以欣赏到古朴自然的美妙景色，听到一代枭雄的传奇故事，更可以品尝到独具特色的古镇美食。这里的饮食文化有鲜明的三边地方特色，如丰盛的辅唐宴、柴火鸡、木桶鱼、菜豆腐、回龙烤鱼、核桃馍、烟熏腊肉等，让游客舌尖生香，回味无穷。

日之精，月之华，一方水土养一方人。青木川得天独厚的自然环境、山川秀丽的地理条件，千百年来，不仅养育了众多的青木川儿女，还为生存在这块土地的人们奉献了众多的山珍土产，如黑木耳、金耳、羊肚菌、土蜂蜜、天麻、生漆等。它们增添人们的生活乐趣，吸引游客的目光，使人们不得不对这块神奇的土地，产生崇敬的心理。

↓ 各种竹编

第四章

地域特色
美食土产

↓ 羊肚菌

风味美食

辅唐宴

辅唐宴也叫辅唐十三花，是青木川民国时期的风云人物魏辅唐最喜好的"套餐"菜肴。

魏辅唐平生不嗜烟酒，不善茗饮之道，但对菜肴颇有讲究，特别注意其营养价值及味道，就连菜肴的摆放及进食的先后顺序都有讲究。

辅唐宴是青木川当地农家过红白喜事或招待贵客必备的典型菜肴，至今也保留着浓郁的地方特色。回龙场老街几家饮食的门店上

↓ 忙碌宴席的人们

都挂有辅唐十三花的牌子。辅唐十三花也就是十三道菜肴，它是在当地最早的"十大碗"基础上发展起来的。"十大碗"包含酥肉、酥骨、粉蒸肉、夹沙肉、花拼碗、扣肉、肘子、丸子、甜米饭，再加一大盆烩菜。魏辅唐对"十大碗"加以推广，再加上由当地养殖的土鸡、鱼烧制而成柴火鸡、河溪鱼，以及小吃面皮、凉粉、核桃馍、豆腐干等，便成了"十三花"，从民国流传至今，而享誉四方。

如果在青木川旅游时正好碰上谁家有红白喜事，进去随礼凑个热闹，就可以跟着大家一起吃一吃辅唐十三花，一定会让你大饱口福。

核桃馍

陕西素来被称为面食王国，青木川自然也不例外。面对琳琅满目的面食佳肴，一种貌不惊人的特色小吃征服了男女老少的味蕾，它就是青木川的核桃馍。核桃馍之所以是青木川古镇乃至宁强县最为特殊的小吃，不仅是因为它历史悠久，更重要的是因为制作核桃馍的原料比较特别。

制作核桃馍的核桃必须选用青木川本地特产的核桃，因为这种核桃果仁饱满，油脂丰厚，做出来的核桃馍色泽金黄，味道浓郁，入口更加酥脆可口。

青木川古镇回龙场老街和新街上，售卖核桃馍的小店很多，有的也叫核桃饼。出名的有魏家核桃馍、王家核桃馍、赵记核桃饼等品牌。

魏家核桃馍有着与众不同的加工工艺：

第一步是核桃仁的浸泡、去皮。将选好的核桃仁放入容器中加入香料浸泡，只有通过这种方法浸泡，才能去除上面的薄皮，使其颜色纯正。

第二步是去皮后的核桃仁要放在容器中，加入一定比例的食用油发酵，通过发酵才能产生特殊的香味。

第三步是发酵后的核桃仁要进行粉碎，然后加入花椒、食盐等调料，使其香味浓郁而独特，然后粉碎成糊状，再发酵储存待用。

第四步是面团发酵和揉制。面团要经过三次发酵，每次发酵时间和程度各不相同，在制作时加入核桃泥的程序也不一样。

第五步是烘烤。进入烤箱烘烤时的火候至关重要，否则会影响色、香、味。

↓ 售卖核桃馍的沿街店铺

魏家核桃馍香酥可口，色香味具佳，既是餐桌上的美食，又是馈赠亲友的佳品。北上西安，南下成都的旅客，凡知其名者都要买上几包，自食或馈赠亲友品尝，以增添生活中的佳趣。

魏家核桃馍的存放时间较长，即使在夏天，也能存放20天以上。据介绍，魏家核桃馍在《中国饮食大辞典》载有条目，中央电视台也做过专题报道。

金丝贡酥

青木川自古是羌族居住区，羌族有一种美食叫金丝贡酥。

金丝贡酥采用羌族最古老的方法制作而成，基本原料为青木川古镇本地上好的土鸡蛋、红米、大豆、芝麻、野生蜂蜜等。

金丝贡酥吃起来酥脆香甜，香味浓郁，老少皆宜，是居家休闲、馈赠亲友的高级礼品点心。

↑ 金丝贡酥

柴火鸡

青木川古镇环境宜人，自古及今农家都有养鸡的习惯。鸡蛋、鸡肉不仅可以自给自足，还可以制作成各式美味，最有名的当属柴火鸡。

柴火鸡是一道色味俱全的陕南佳肴，它的制作方法吸取了川菜及川味火锅的特点，烹制火候温和带旺，肉嫩味香，油而不腻。

↑ 柴火鸡

柴火鸡的烹饪，一般用柴火或碳火作为燃料炒制而成。制作时必须选取肉质好的鸡肉食材，文火细细焖着，没有一个多小时吃不上口，是一道需要耐心加工的美味菜肴。柴火鸡除了肉，还能荤素搭配，豆角、土豆、豆腐、豆皮等均可搭配。吃肉吃到半酣的时候，来一点蔬菜吸收汤汁美味，更是清香怡口。秋冬风寒，一口热汤，一口鲜菜，暖胃又惬意。

青木川的柴火鸡有三种口味：麻辣柴火鸡、椒麻柴火鸡、酸辣柴火鸡。

辣度可以自选，分为微辣、中辣、麻辣三种。这里的柴火鸡比起川味稍微清淡点，是为了照顾甘肃人、陕西人的口味需求，也更适合老人孩子一起享用。

鸡肉在锅中咕嘟咕嘟慢炖，为的是吸收酱料，等到八成熟时，柴火鸡的另一道特色美味——锅边馍，也要出场了。

这种馍以玉米面为主，馍贴在锅边一圈，既好看又好吃，也算是主食的一种。

吃了柴火鸡、蔬菜、锅边馍，如果还不满足，当地农家的蛋炒饭、拌汤来一份。这些吃食也是当地特色，绿色食材全部来自农家，绝对美味，令人回味。

回龙烤鱼

于古镇老街西入口，商家回龙烤鱼独创的"一鱼三吃"（豆鼓鱼、香辣鱼、麻辣鱼）做法，极具特色，曾受到中央电视台《记住乡愁》栏目组、上海电视台《小镇中国》栏目组、陕西卫视、南通卫视等多家新闻媒体的采访，声名远播。

↑ 回龙烤鱼的广告牌

回龙烤鱼选用陕甘川交界处白龙湖生态淡水鱼——钳鱼（又名梭边鱼）为原材料。钳鱼具有肉厚无刺、皮滑肉嫩、肥美味浓的特点，营养价值极高，具有大鲜、大补的特点。

回龙烤鱼经营者的创业经历也展现了青木川古镇自力更生、坚韧不拔、诚信做人的精神。正是有了这种精神，才有了凤凰涅槃的青木川，才有了高朋满座的回龙烤鱼。

木桶鱼

青木川木桶鱼的火爆，得益于中央电视台《味道》栏目组对木桶鱼的介绍。这个原本只出现在川西的地方菜肴，如今在青木川古镇也是大受欢迎的网红美食。

木桶鱼制作考究，其大受食客追捧的原因，是因为装鱼的木桶不是一般木头，而是香杉木。香杉木具有天然的原木香味，所含的香杉木醇，杀菌效果惊人。而且此木桶也是专门订做，不采用粘胶剂，而是以特殊结构进行密封。

鱼的制作细致入微，木桶鱼使用的鱼都是活鱼现杀，腌制后腥味已经去除，采用传统方法将鱼头、鱼骨熬制成汤。每一桶鱼都是现杀现炖，保证了鱼肉的新鲜。鱼肉用石头烫出来的做法很新颖，烹出的鱼肉，口感麻辣鲜香、肉质细嫩爽滑，弹性十足，味道鲜美，老少皆宜。

木桶鱼的汤也很有营养，麻麻辣辣，让人忍不住一碗又一碗地喝下去。

熊儿炒菇菇

熊儿炒菇菇（熊二炒菇菇）为青木川一绝。

由于野生鲜菌无法长期保存，晒干的话，也会失去原有的香味，不过青木川古镇的山珍自古就有保存秘法：把鲜菌直接用香油炸过后封存。吃面、饭均可加之拌食，其菌香绕舌，食后让人久久回味。

↓ 熊儿炒菇菇

青木川人传承古法秘方后并加以改良，将炸改为炒，不但将久违的美食重现人间，还保留着野山菌的营养。

熊儿炒菇菇富含各种氨基酸、维生素、矿物质，具有美容养颜的作用。

菜豆腐

菜豆腐是青木川的特色美食之一。传说它的起源与汉高祖刘邦有关，当年刘邦被封为汉中王时就有此吃法。

菜豆腐的制作，第一道工序就是把泡胀的豆子磨成浆，再经过过滤，倒进锅里，把豆浆烧开，就开始点豆腐。"点"豆腐用的是浆水菜的浆水，这样点出来的豆腐白、活、细、绵、精、嫩，后味清幽淡远，略带甘甜，不像用现代的石膏、卤水等原料点制的那样发涩发苦。

然后将淘净的大米下进滤过豆腐的酸水中熬粥，小火慢熬，不时用铁勺在锅底轻搅几次。粥不能熬得太稠，也不能太稀，要汤浓米烂，这时再将豆腐切成小块，回锅与粥一起稍煮一下，一锅酸香四溢的菜豆腐就做成了。

吃菜豆腐时需配小菜。小菜的配法也极有讲究，一般是用葱花、香菜、姜末、蒜泥、青椒、香油、芝麻、核桃仁末、油泼豆瓣酱、咸菜、红油辣子等拌匀入盘下饭。

菜豆腐是一种民间家常菜，虽然做法不复杂，但因取料方便，做工较细，且富有营养，所以成了当地待客的佳肴。同时，这种家常菜还极富营养，易于消化，有利于吸收。冬季吃暖和耐饥，夏天吃止渴消暑，不仅如此，无论男女老幼、体强体弱，都能食用，独具乡土风味的菜豆腐因此一代一代传承下来。

浆水菜

浆水菜是陕西普遍的食用特色小菜，用料普通，做法简单，芹菜、油菜、雪里蕻、白菜、萝卜缨子、包包菜、石头菜等，都可以用来做浆水菜。只要将这些菜洗净、切碎，在开水锅里略煮，连菜带汤舀入器皿中，或直接将菜置于缸、盆之中用开水烫，加入少量浆水引子，加盖捂严，待菜叶发黄，汤汁变酸，便可食用。冬天，青木川人家一次会煮一大缸或一黄桶，可吃到第二年春天。

浆水菜在食用时用途最广，有酸爽开胃、降暑止渴的功能，还可以和各类米、面掺和做出民间小吃，如面糊糊、面节节、搅团、浆水鱼鱼、糍粑、拌汤、面削削、拨面鱼、浆水面等，真是不胜枚举。

根面角

青木川四周山高林深，漫山遍野生长着一种多年生草本植物——蕨苗。蕨苗刚刚抽出的嫩叶叫蕨苔，可以凉拌着吃。蕨苗的根茎富含淀粉，蕨根粉也叫根面，可以做根面丸子、根面疙瘩、根粉皮、根粉丝等，这些都是正宗的绿色食品。

农历七八月份，正是"打根"的好季节（当地人把炮制蕨根淀粉的过程叫"打根"）。这个季节，蕨根淀粉积累得最多，农活又不太忙。打根是要到山上去挖蕨根茎，蕨类植物一般都长在高山上，而且根扎得特别深，盘根错节，挖起来十分不易。挖出来的根茎须背到山下有河沟的地方，泡在水里，洗去泥沙，然后放在一块大石头上，用木榔头使劲地砸，让其变成丝状。然后选两个大木桶，一高一低错列摆放，中间用一根水槽连接，一头接在高处木桶底部出水孔，一头接在低处木桶上部的过滤器中。高处的木桶用来装砸碎的蕨根，低处的木桶用来装过滤的根粉水。待装过滤水的木桶装满后，便停止过滤，等待沉淀。大约12个小时之后，就可放水起根粉，然后晾晒，风干。也可将其团成大圆球，用棕片或布匹包严，放在草木灰中渗干。当地人把这种蕨根粉称为根面。过滤后的根渣，丝状的可拣起扎成刷子，碎渣背到地里做肥料。这种食品的技术含量不是很高，一般的家庭主妇都会做，有些人家专门做了到街上卖。

青木川风味小吃根面角，就是用蕨根粉制皮，新鲜蔬菜作馅，捏成月牙形，急火蒸熟，呈浅褐色、半透明状，蘸上酸辣汁食之，皮柔馅香，鲜而不腻，本地人百吃不厌，外地人一吃钟情。但是，近年来社会变化，打根的人越来越少，市场上已很难见到卖根面角的了。当地人便想了另一个办法，用红苕粉替代蕨根粉，照样做根面角吃，区别是蕨根粉做的不发硬，红苕粉做的发硬。如果不趁热吃，两者就有很大区别。

烟熏腊肉

烟熏腊肉是一道特色传统名吃，陕南均有此菜，尤以汉中镇巴、宁强最为出名。它个头大，颜色黑，熏得干，肉质细，味道香，特别受人喜爱。

烟熏腊肉制作的目的主要是长久保存肉制品。过去，农村只有在逢年过节或家中有红白喜事才会杀一头猪，再加上没有农贸市场，农民一年中很少能吃到大肉。而农家在腊月杀完猪后，除留下部分过年用，剩下的切分后腌制10日左右起卤，继而晾晒，再吊在厨房的屋梁上受灶烟熏陶，月余即成烟熏腊肉。烟熏腊肉可以久藏不腐，如此家中一年内都有肉吃，而且咸香味美，煮熟切片，瘦肉棕红有光泽，肥肉油而不腻，据说真正的好腊肉需熏三年以上。

烟熏腊肉是农家多年传承下来的美味食品，也是青木川人离不开的味道。

↓ 烟熏腊肉

山珍土产

土蜂蜜

花乃草木之精华，蜜乃百花之精华。青木川山高林深、花木繁盛，但交通闭塞、生活单调。几百年来，当地人日出日作，日落而息，生存艰难，为了生计，人们就有了养蜂的习俗。因为养蜂的成本较底，只需几个蜂箱，不用下多大苦力，蜜蜂自会去采花酿蜜，到时采割就成，所以一般小户人家就把养蜂酿蜜当成一种补贴家用的有效途径。

土蜂蜜色泽金黄、口味独特、纯净无杂物，含有丰富的有机酸、蛋白质、维生素、酶等，包括维生素和酶等多种营养成分，具

↓ 土蜂蜜

有润肠、润肺、解毒、养颜、促进消化、促进长寿、增强人体免疫力等功效，《本草纲目》中对其就有记载。

土蜂蜜是天赐琼浆，当然也是馈赠亲友的最佳礼品，当年，青木川人出外探亲访友，所拿的礼品大多是两罐土蜂蜜。虽然现在年轻人都出外打工去了，很少有人再专门从事养蜂这一行业，但是在老街上，还是可以看到有土蜂蜜在销售。

核桃

"核桃"一名，李时珍在《本草纲目》中释为："此果外有青皮肉包之，其形如桃，胡桃乃其核也。羌音呼核如胡，名或以此。"

核桃一般生长于山坡及丘陵地带，喜肥沃湿润的砂质壤土，在青木川常见于山区河谷两旁土层深厚的地方。

核桃也是世界四大坚果中的一员。核桃仁含油量高，可生食，亦可榨油食用；核桃药效价值丰富，可温补肺肾，润肠通便，具有较高的营养价值，其根、茎、叶、果实提取液都可入药；核桃树干木材坚实，是很好的硬木材料，可以说"全身是宝"。

食用核桃对各个年龄段的人们都有好处，民间流传一句古话：核桃不离手，能活八十九。超过乾隆爷，阎王带不走。

金耳

金耳形似人脑，又称黄木耳、黄耳，其滋补营养价值优于银耳和黑木耳等胶质菌类，是一种理想的筵宴佳肴和保健佳品。

金耳多生长于高海拔林带，常单生或群生于阔叶林、针阔混交林中的壳斗科、桦木科等阔叶树朽木上，在青木川地区产量不高，因而非常珍贵。

金耳含有丰富脂肪、蛋白质，以及磷、硫、锰、铁、镁、钙、钾等微量元素，是一种营养滋补品，并可作为药用。其性温中带寒，味甘，能化痰、止咳、定喘、调气、平肝肠，主治肺热、痰多等病症。

↑ 金耳

金耳用温水泡发，去除根部砂粒，再用清水清洗干净，即可烹调食用。无论是熬汤或炒菜，均别具风格。金耳富含胶质，用冰糖炖食，软糯、滑嫩爽口，是上佳的甜品，且有清心补脑的保

↓ 金耳

健作用。

目前在青木川古镇，人工种植金耳技术已经成熟，从良种选育和保藏，椴木、代用料人工批量栽培技术，病虫害防治及原理，产品的采收、加工和保藏都形成了一整套完备的程序。

黑木耳

青木川盛产黑木耳，凡去旅游的人，多数会带几盒回去送亲朋好友。

黑木耳生长于栎、榆、杨、榕、洋槐等阔叶树上或朽木及针叶树冷杉上。自古以来，黑木耳就是我国重要的食用菌，为食用之上品，被誉为食用菌之王。中医认为，黑木耳性味甘平，具有清肺润肠、滋阴补血、活血化瘀、明目养胃等功效。无论是直接食用还是作为食品配方用料，都是一种较为理想的保健食品。

黑木耳不仅滑嫩可口，滋味鲜美，而且营养丰富，享有"素中之肉""素食之王"的美称，是久负盛名的滋补品。黑木耳中含有多种氨基酸，其中包括赖氨酸、亮氨酸等人体必需氨基酸，有较高的生物效价。黑木耳含有大量胶质，对人体的消化系统有良好的润滑作用。另外可以消除肠胃中的残存食物和难以消化的纤维性物质，对无意中吸入的木渣、沙尘等异物有溶解作用，因此是棉纺工人和从事开矿、粉尘、护路等工作人员的首选保健食品。黑木耳中的磷脂是人脑细胞和神经细胞的营养剂，因此黑木耳可作为青少年和脑力劳动者实用而又廉价的脑补品。

羊肚菌

　　羊肚菌又称羊肚菜、羊蘑、羊肚蘑、草笠竹，是一种珍贵的食用菌和药用菌品种。羊肚菌更适宜生活在山区，对湿度和光照也有一定要求。青木川古镇的环境适宜羊肚菌的人工栽培。

　　羊肚菌的结构与盘菌相似，上部呈褶皱网状，既像个蜂巢，也像个羊肚，因而得名。

　　羊肚菌含粗蛋白、粗脂肪、膳食纤维、碳水化合物，还含有多种氨基酸，是很好的蛋白质来源，被人们赋予"素中有荤"的美称。羊肚菌还含有大量的维生素A、维生素C、钾、钠、钙、镁、铁、磷等微量元素。

　　羊肚菌具有食疗作用，可用于食积气滞、脘腹胀满、痰壅气逆喘咳等症状。羊肚菌的药用价值，早已经被收录进李时珍的《本草

↓ 羊肚菌

纲目》。

　　人工生产羊肚菌的菌株主要来源于野生菌株的分离培养与人工驯化栽培，极少菌株来源于野生羊肚菌孢子自交或者杂交培养。

↑ 羊肚菌

青木魂酒

　　青木魂是青木川当地用古法酿制而成的一种美酒，按照酿酒原料和加工工艺不同，区分为窖藏高粱酒和洞藏苞谷酒两种。

　　窖藏高粱酒工艺是大曲加麸曲酵泥池发酵，发酵周期为三十天以上，储存半年以上。特点是浓香风格显著，窖香纯正，绵甜爽净。

　　洞藏苞谷酒精选青木川苞谷，砖地低温发酵，发酵周期为十天以上，储存半年。特点是清香醇正，淡雅幽香。

↑ 青木魂酒

咂酒

　　青木川咂酒为羌族特有饮品，由青稞、大麦煮熟拌酒曲入坛酿成。

　　早年羌族人喝咂酒颇具仪式感：饮咂酒意为吸神力，人们两两相向，以长幼为序，绕酒壶为圈，以细竹管抵壶咂酒饮，且饮且歌且舞，以助酒兴，以敬诸神，饶有情趣。

　　人们戏称：喝咂酒——家里啥都有，万事不用愁，财神跟你

走，年年好运头，美女配英雄，激情偕
友游。

老鹰茶

老鹰茶是青木川一种生长在悬崖峭
壁上的大茶树上结出的茶叶。

茶叶收获的时节，只有身手矫健如
猿猴的山民才能攀援上老鹰茶树上采得
几斤上等的好茶。

老鹰茶看起来粗枝大叶，茶汤暗
红，虽比不得紫阳毛尖的细芽清透，然
而其饮用后回味的甘、醇、香，却是紫
阳毛尖所无法比拟的。

罐罐茶

罐罐茶并不是茶的种类，而是青木
川乃至宁强特有的一种传统茶点饮食。

罐罐茶的主要用具就是罐子，以前
的罐子是小瓦罐，现今已经演变成小铁
罐。喝罐罐茶的时候，将罐罐里倒上水
在炉子上烧，同时在炉边烤上枣，等到
罐罐里的水开了，将茶叶和烤好的枣，
以及去壳的桂圆放到罐罐里，待茶叶被
烧开的水浸泡透，也就是枣和桂圆以及

↑ 咂酒

↑ 茶园

↑ 采摘茶叶

茶叶的味道入到水里，有时还可以在杯子里放上冰糖，找个杯子，将烧开的水倒进杯子，再给罐罐里加水，继续烧，这样边烧边喝，也可以在炉边烤上馍，边喝边吃。

一个土火炉子，一撮茶叶，一个茶罐，一只茶盅，几颗枣和桂圆便是罐罐茶的全部家当了。大家坐在热炕上，架旺火炉，将黑瓦罐里的茶熬得浓酽至极，一口口呷着，十分舒坦轻松。特别是逢年过节，家家都有罐罐茶具，借以聚亲会友，罐罐茶就成为生活中不可缺少的一部分。一般农村的老年人喜欢喝罐罐茶，几个人聚在一起，边烤火聊天，边喝茶，还可以吃上几口馍，消磨时间，这时火炉子烟雾缭绕，给人一种腾云驾雾的感觉，甚是惬意。

生漆

生漆，俗称"土漆"，又称"国漆"或"大漆"，它是从漆树上采割的一种乳白色纯天然液体涂料，接触空气后逐步转为褐色，几小时后表面干涸硬化，生成漆膜。

土漆的使用，源远流长。早在远古时代，就有关于漆树的记载。《山海经·北山经》中说："虢山，其木多漆棕。英鞮之山，上多漆木。"以上所说的虢山系指多漆树的甘肃。青木川和甘肃接壤，早在明清之际，就有生产土漆的历史。

天然生漆具有许多优良特性，因此用途十分广泛。它可以用作军工、化工、纺织、轻工、造船、机电以及工艺制品等方面的重要涂料。首先，它可作为优质的防腐剂，对于木材、房屋、器具、钢铁、车船等都有良好的防腐效果。其次，它是纺织印染工业的理想涂料，生漆的密封性高、耐热性强、耐磨性好，且弹性极佳，较少发生龟裂和变形。再次，可用作电器设备的绝缘材料。最后，生漆漆膜光亮，能隔绝空气中的杂质，因而具有经久不变色，不易污染，不怕虫蛀和不受温度影响的特点，也是我国传统漆器工艺制品的绝好涂料。青木川魏氏宅院、瞿家大院的明清家具，雕梁画栋的建筑，大多采用本地的生漆所涂抹，不仅具有独特的民族风格，还能历百年而如新。

中国民间
文化遗产
抢救工程
THE PROJECT TO CHINESE
FOLK CULTURAL HERITAGES
SOS

  襟陇带蜀的古镇，三省交界地带的特殊地理位置，使青木川成为秦蜀文化荟萃之地，当地文化习俗亦川亦陕，并带有部分陇南文化特色。古老的羌族文化、陕南戏曲文化和民国时期形成的"乡绅文化"，对青木川古镇产生了非常深远的影响。各种文化并行碰撞、和谐发展、交相辉映是青木川文化最大的特色。因而在民风习俗上，青木川古镇融合了陕甘川三省特色，节令、婚嫁、丧葬习俗保留完整，独具特色。尤其是傩戏表演、赶场、逛庙会、正月闹春等民俗具有广泛的群众基础。

↓ 传统织布机

中国历史文化名镇

陕西青木川

第五章

民俗文化
汉风羌韵

↓ 羌绣制作

节令习俗

　　春节俗称阴历年，新年伊始这一天，因是岁首，青木川人首先开门要到井上去挑"金银水"，水代表财，而且去得越早越好。民谣说：*正月初一起五更，迎喜接福敬三星；抢得一挑金银水，保你富贵不受穷。*然后燃放爆竹，让红色的爆竹屑铺地，称为"满堂红"。同时这天禁忌很多，初一不出门，不劈柴，不动刀，不能动扫帚，不能做针线活，大人不能骂孩子，孩子要给长辈磕头行礼，长辈要给孩子发压岁钱。初二开始走亲戚拜年，拜姑拜姨拜丈人等，以和睦亲戚关系，表达对长辈的尊重。

　　初五俗称"破五"，主要是送穷，迎财神。送穷又称"送穷土""送穷媳妇出门"。这天家家户户会用纸剪成妇人的形状，连同屋内的垃圾、秽土一起送到门外燃放爆竹炸掉，称为"扫晴娘""五穷妇""五穷娘"。然后打开大门和窗户燃香放爆竹、烟花，迎接财神进门，希望财神爷能把金银财宝带来，让家庭大富大贵。

　　正月十五为元宵节，元宵节也称灯节。青木川除了吃元宵，还会自发地举办一些民间活动，如舞龙、舞狮、打太平鼓、扭秧歌、踩高跷、跑彩船、走竹马等。

　　二月二龙抬头，春天到来，这天要炒豆豆、禁五毒。

　　三月清明节，家家都要到坟上去悼念逝世的亲人，但几百年来遗留下来的风俗，女人是不能上坟的。

　　五月初五端阳节，又称蒲节。当地人特别重视，家庭主妇早晨起来，要把院落、室内打扫干净，男人或子女要去河边山坡采艾叶，回来扎成老虎形状，悬挂在门楣之上，认为这样邪物鬼怪就不敢入门，家中大小就会平安。同时，还要在一壶酒中放一些雄黄，趁着温热让家人喝一杯，喝毕还要将雄黄汁涂抹在耳朵、鼻梁上，据说这样就可以防止飞虫侵扰。

端阳节的吃食主要是粽子、油糕。这天，按照习惯，学生要向老师祝贺节日，父母也要去看望初婚的女儿。礼物一般是粽子、白糖、糕点，还有水果等。

六月六是天况节，家家要翻晒衣服被褥，读书人也要翻晒书籍，以免虫蛀。

七月七是传统的乞巧节，又叫"鹊桥节"。早在初六这天，未出闺的姑娘们就会悄悄抓几把粮食抛向林间喂喜鹊。传说喜鹊初七都要去为织女和牛郎搭"鹊桥"，喂了喜鹊，能让牛郎、织女一早相会，自己也能早一天找到意中人。初七晚上，姑娘们聚集在场院看"银河鹊桥"，讲述织女和牛郎的故事，或唱"情歌"，倾诉自己的美好愿望。

八月十五中秋节，青木川至今依然盛行赏月。赏月时要在院子设香案，案桌上摆放月饼、苹果、红枣、葡萄等点心瓜果，祭拜月神。然后一家人才坐下来吃象征团圆的月饼和圆形的瓜果，以示月照中天，全家团圆。

九月九重阳节，旧时有登高观景之习，今以改善生活、爬山健身为主。

十月一是寒衣节，家家都要到坟上给逝去的亲人送"寒衣"，寒衣一般用各色纸做成衣、帽、裤、鞋、袜等在坟前焚化，意让逝去的亲人度过寒冬。

腊月初八是腊八节，吃"腊八粥"早就是青木川每年必有的习俗。

"腊八粥"中有大米、糯米、玉米糁子、黄豆、小豆等八种粮食，同时用大肉丁、豆腐、木耳、山药、土豆、莲菜等烩制成"臊子"，待粥煮至半熟时，将臊子倒进锅里和粥一起煮熟。其营养丰富，芳香四溢。

食前，先要用腊八粥敬奉祖先、粮仓等，再要一手端碗，一手执筷子向天、地、山、川、树木、花草、觅食的鸟儿抛撒，一边抛一边念：

天地吃点腊八饭，风调雨顺丰收年。

山林吃点腊八饭，来年林茂果子繁。

河水吃点腊八饭，庄稼长得颗粒圆。

鸟儿吃点腊八饭，害虫不再害良田。

全家吃完"腊八粥"，还要舀一大盆冻起来，每天早上做饭时舀一勺倒锅里，一直吃到腊月三十，有一年到头都有吃的、不会受穷之意。

腊月二十三祭灶节，青木川人称为过小年，一直延续到腊月底。祭灶是把供奉的灶王画像火化，送灶王爷上天，让其向玉皇大帝报告主人家的善恶。为了讨好灶王爷，要给灶王爷嘴上抹上饴糖，让他上天言好事。到过大年时再把灶王画像迎回来供在厨房。画像的两侧贴一副对联：上天言好事，下界保平安。横批是：一家之主。

祭灶以后，家家户户大扫除，做过年的准备，这段时间叫"迎春"，也叫"扫尘"，人们贴春联，贴窗花（剪纸），给孩子预制过年穿的新衣。新中国成立前有"长工短工，腊月二十四满工"之说，在外干活的人此时也要赶回家过年了。

除夕晚一家人要围着火塘守岁，俗名"熬年"。守岁从吃年夜饭开始，这顿饭从入席一直要吃到深夜。吃年夜饭时，要在堂屋或院中设置供桌，供上香烛、瓜果、糕点，祭拜天地诸神，按方位叩首，同时燃放鞭炮，气氛极其热烈，人们虔诚地迎接新的一年到来，祝愿未来吉祥如意。

生活礼俗

青木川人受古风熏陶，十分注重礼节，讲究场面，既务实也不显摆，形成了淳朴的民风民俗，为周边人所称道。

待客宴席一般根据家庭经济状况而定，凡修房造屋、婚嫁寿庆，席面上的下酒菜、下饭菜，几乎都约定俗成，下酒菜为"十三花"，即十三道精致菜肴；下饭菜多为"十大碗"，即十大碗荤素蒸菜和汤菜。

开席时，主人首先要敬神、鸣炮、烧香、招呼祖宗先人就位。然后客人按不同的辈分、长幼顺序入席就坐，上首为尊，当然必须是当地德高望重的长者。入席时，主人要让客人先坐，而客人也必须礼让再三，让在场的年纪最大或辈分最高的上坐，不然就会被人耻笑不懂礼法和不尊重老人。民国魏辅唐时期，上首一般是学校的老师。堂屋正中一桌的菜先上，司礼这时才向众亲友宣布设宴目的，其他桌的菜也会陆续上齐。待酒过三巡，主家向客人致答谢词，并分别向客人敬酒、劝菜，直至客人酒足饭饱，待所有客人全部下席，方可撤席，否则就是对客人的不礼貌。

宴席间，众人不但要让长者上坐、举第一杯酒，鸡、鸭、鱼、肉上桌，也得由上首尊者先动第一下筷子"开菜"，然后其他人才能动筷子。当地人认为鱼头（龙头）、鸡头（凤头）为首，上菜时就得将鱼头（龙头）、鸡头（凤头）对着尊者，鸡翅和鱼尾对着年轻人，他们才能展翅、飞黄腾达。若有人不懂规矩乱吃，会被同席的人嘲笑不懂礼数。

坐席吃饭讲究多，喝酒也一样，逢年过节或家里来了客，吃饭时就得拿酒待客。若客人不会喝酒，就不要举杯子，这样，主人也不会勉强。若客人喝一杯，主人就会接二连三地敬酒，直到把人灌醉才罢休，中途退席也绝对不行。吃菜时，客人的筷子要轻拿轻放，不能在盘子里乱翻，或者让筷子和桌子碰击，不然，主人就会认为是客人嫌弃饭菜做得不好。

来者是客，即使是挑脚的过路人，路过谁家要歇歇脚，主人都得端茶递水、热情招待，若赶上吃饭，绝不会让路人空着肚子走，这种传统美德至今仍被青木川人延续。

青木川人生性豪爽，喜肉食，好喝酒，这和他们祖祖辈辈长期生活在山区有关。吃肉爱吃大块肉，又称木梳肉，以熏腊肉为多，以示好客大方。喝酒以本地自酿的咂酒、苞谷酒为主，不喜小盅，而以大碗盛之，碗碰碗，一口饮干。农家的家常饭一般为菜豆腐、小豆面、搅团、拌汤、甜浆、凉粉等，配以腌、泡的白菜、萝卜等小菜。因而家家不离泡菜坛子和浆水缸，有"三天不吃酸，走路打蹿蹿"的说法。

婚嫁习俗

　　男女婚嫁在别的地方，特别是关中一带，受"男尊女卑"和"男女授受不亲"的封建礼教约束较深，一般都是父母之命、媒妁之言而成就一生婚姻。对于青木川人来说，这种约束相对较少，男女之间恋爱比较自由。

　　由于青木川山高林深，村与村之间、家与家之间距离较远，青年男女难以见面和接触，到了十八九岁谈婚论嫁时，大多是通过赶场、赶庙会、节庆、放牧等活动和生产劳动相识相爱的，经过互相了解，建立感情。若是情投意合，姑娘便告知父母，再经过父母"相亲"进行决断。

　　这种相亲方式别开生面，不是男方到女方家里，或是女方到男方家里，而是男方到女方家里让女方父母考察。这种考察就是让男方在女方家里种地、收割，帮忙干家务、做手艺活，这样，女方父母就可以近距离地观察男方的言谈举止、办事能力、身体素质等。如果女方父母"相"不中，会规劝女儿，给男方送些礼物表示谢绝。如果认为合适，就会找媒人说合，女方父母会带上女儿去男方家"认门"，认亲。

　　认亲，就是订婚，双方家长通过媒人在酒席桌上，当着男孩和女孩的面，把亲事所需的彩礼说定，两家从此就成了亲家。此后，还要由媒人告知女方家送"插花"的喜期。

给女方家送"插花"时，准新郎不去，只有男方父母和媒人同行。去时，要带上一方二斤或四斤重的猪肉，一个四斤重的猪肘子，称为"一方一肘"，取"双方结亲""一脉相通"之意，同时还要带上男女双方约定好的衣料、鞋、袜、首饰及糖果、糕点之类，用竹篮或"食盒"抬着，上盖用红纸剪的花鸟图案。这天早就准备好酒筵，邀请亲朋作见证，当媒人、男方父母走到大门口时，女方家还会放炮相迎。然后将男方抬来的礼品摆在方桌上进行展示交接，女方母亲叫姑娘来叩拜未来的婆婆，婆婆要给姑娘送"红包"，名为"插花礼"，还要给姑娘头上插一朵花，以示对未来儿媳的关怀。

待到新娘出嫁时，要喝"离娘酒"。离娘酒在晚上举行，由新娘的闺蜜和亲友作陪，丰盛的酒宴通常进行到深夜，家人互诉衷情，直到第二天迎亲队伍到来。

当晚，新娘还要"哭嫁"，即用歌唱形式辞行，歌声缠绵，情真意切。"哭"罢父母，再"哭"兄弟姐妹，通过"哭"来感谢父母的养育之恩，表述与兄弟姐妹的手足之情；还要"哭"着拜托兄嫂孝敬父母，可以说是"哭"得有情，"哭"得有味。"哭"罢家人，还要"哭"前来"添箱"送嫁的亲戚，以示对亲人的谢意。迎亲队伍来了之后还要"哭"，即"哭迎亲"，又叫"哭冤家"，这也是哭嫁的尾声，却有很多喜剧的色彩，哭、笑、耍、骂的唱词样样皆备。

新娘到男方家后，礼仪比较简便，一切"礼节"都由"迎亲娘子"出面操办，举行过结婚仪式，把新郎和新娘拥进洞房，婚礼便算结束。

新娘出嫁后过数天要回门，俗称归宁，含有"成家不忘娘家"之意。新女婿也要带偶数的礼品去拜见岳父母，女方家也要回礼，供新郎带回男家。回门时，新娘可住在娘家。但住的天数非常有讲究，俗话说"八对八两头发"，"九对九两头有"，意思是新娘在丈夫家住几天，归宁就得在娘家住几天，这样，夫妻的未来才会幸福长久。

丧葬习俗

生老病死是自然规律，就像重生一样，青木川人对死也非常重视，他们历来的观念是事死如事生。

青木川的长者在病危时，家中掌事的首先要请阴阳先生在祖坟周边选择一块风水宝地，寻找有"龙脉"的坟地，以利后人，并把墓穴做好。倘老人真的过世了，还要请阴阳先生以老人生前的"八字"，同时参考家中男丁的"八字"，选择下葬的日期，写在白纸上公示于孝男孝女和前来帮忙的街坊邻居，然后请僧、道念经，做"道场"超度亡者；这时，还要请帮人办理后事的"歌师傅"来唱"孝歌"，以寄托哀思和祭奠悼念逝者。

当老人去世后，趁老人的身体还没有变僵，要赶紧给逝者穿好以前就准备好的老衣，一般以五件、七件为准，停放在堂屋安置的灵床上，然后就派人给亲友报丧，布置灵堂，桌前燃起香、烛。这时儿子、儿媳、女儿、女婿等亲属，都要穿上白色的孝衣，跪在灵床前，日夜"守灵"，晚上也都围坐在"灵床"前，陪逝者度过最后几个夜晚。

这时，近邻远亲会陆续带着冥纸钱前来吊孝，孝子孝女要跪在灵前陪同亲友祭奠亡人。无论是男是女，不分辈数的高低，进灵堂时都要磕头、烧纸，孝子孝女也要跪着陪祭、回礼。

守灵的第二天，举办"祭奠"。逝者入棺时，"歌师傅"会带着锣鼓乐器到场，按照传统习俗，陆续唱起"葬歌""夜歌""丧歌""挽歌""哀歌""丧鼓"，也有一问一答的历史歌谣等。演唱形式有独唱、对唱、齐唱、领唱与帮腔等，也分坐唱、走唱和跳唱三种不同形式。内容多为哭诉孝子们的悲痛心情和对逝者生前好处的怀念，歌颂死者在人世生儿养女的不易、置家立业的艰

↓ 送葬

难，因通宵达旦，也有演唱历史故事和
生活知识的歌谣，无论是客是主，都想
通过"孝歌"抒发各自对亡者的哀思和
怀念，或借"孝歌"倾诉自身的苦处和
委屈，但大多是哭诉和逝者从此阴阳两
隔、难割难舍之情的，加之唱腔如泣如
诉，缠绵低沉，让人不凄而悲。如下面
这首：

↑ 送葬

　　人在世上要学好，说声死了就
死了。

　　亡人死了一天整，望乡台上朝
下看，看见儿女坐满院，惹得我亡
人泪不干。

　　两天要喝往生汤，端起泥碗朝
后看，堂屋众人哭连天。

　　三天上了望乡桥，说是高来万
丈高。

↑ 献祭品

　　说是宽来七寸宽，走到这边那
边摇。

　　行善之人桥头过，金童玉女送
过桥。

　　行恶之人桥头过，牛头马面打
下桥。

　　鱼鳖海怪都吃了……

↑ 祭灵

↑ 送灵

人死后在三日内入土为安，出丧前，先由"歌师傅"唱"送灵歌"，即送亡灵上"西天"，到"极乐世界"去享清福。这才将抬放在院内棺材捆上"龙杠"——抬棺木的木杠。

在各项准备工作停当之后，"歌师傅"唱"启龙歌"，孝女向抬丧的、做棺的、送葬的及一切帮忙的人磕头致谢后，棺材才启动。

"歌师傅"敲锣、打鼓在前"开路"，孝子孝女扯着用布拴在龙杠上的"灵幡"随后，亲戚朋友抬着灵柩送行。一路上，孝歌声、哭泣声、锣鼓声、鞭炮声此起彼伏，走到坟地下葬时还进行"撒五谷"、孝子接"五福"及"奠酒""掩土""谢恩"等仪式，各个仪式"歌师傅"都有唱词，待安葬完毕，丧事才算结束。

传统葬礼宣扬与人为善，既悼念逝者，也警示生者，人生在世要多行善事，死后才能风风光光入土为安。

民间艺术

青木川地处偏僻，至明代移民的到来，才得到较为彻底的开发。正是在这样的自然历史和社会环境中，一代代青木川人躬身耕作，生息繁衍。他们一方面用双手改造着凤凰山、金溪河，创造了生存所用的物质文明；同时在劳作之余，对这里的一山一石、一草一木，都倾注了想象和理解，从而创造出了丰富多彩的精神产品，体现了一种智慧之美，表达着一种随遇而安的生存态度，透露着当地人对美好生活的苦苦追寻和真实情感，借此慰藉自己劳苦的人生。青木川的民间艺术因此别具地域特色，如民歌、社火、傩戏等。

↑ 民歌演唱会

民歌

青木川存世流传的民歌不但数量可观，而且有较高的思想艺术价值，主要表现形式有劳动歌、情歌等。其中尤以"锣鼓草""报路歌""情歌""山歌""小调"为代表。

锣鼓草 青木川山区人民在"干帮帮活"时创造的一种独特的歌唱形式。在秦巴山区久有"干帮帮活"之俗。每

↑ 民歌演唱会

年春夏播种锄地耕作时，为不误农时，几家人就联合起来，按急、缓、先、后进行。这种互助合作，群众称为"干帮帮活"。劳作辛苦，最易疲乏，为了助兴鼓劲，要推选一人来唱"锣鼓草"。锣鼓草即一个人自鼓自唱，大伙边劳动、边帮腔。唱词诙谐、风趣，有展望丰收、鼓舞干劲的；有讥讽、取笑、督促落后的；也有"说古道今"、取乐助兴的。内容丰富，形式活泼，能起到活跃气氛、鼓舞劳动热情的积极作用。

报路歌　由于山道崎岖狭险，当地人在耕作、放牧、采摘等劳动过程中，一般或背或抬结队而行，后面的人多被前面所背货物遮挡住视线，这就需要"背头"在前观察，不时向后面报告路障和险情，后面立即应答。这一报一答的对喊，天长日久便形成了有固定模式的"报路歌"。"报路歌"实是有韵、无一定调子、自由唱和的顺口溜。如发现前面道路曲折时，前报"大路不端"，后答"随弯就弯"。遇见蛇当道，前报"路上有条绳"，后答"绕个弯弯行"。

情歌　主要表现的是青年男女一生中情窦初开的情感体验，以多次试探、相爱、思念、送别、失恋、对唱为内容，真实地反映了当地青年对爱情的追求与理想，如：

> 情妹生得惹人爱，
> 好像莲花带露开。
> 走到山前百鸟叫，
> 走到水边鱼游来。

类似这样情不自禁地倾吐，大多体现男对女的赞慕，也有少量女对男的赞慕。美好爱情的发生，往往在惊鸿一瞥后，赞而叹之，咏而歌之。世间美好的事物催生美好的歌谣，弥漫在青木川的青山绿水之间，让人听了往往流连往返，情不自禁。

山歌、**小调**　当地人在砍柴、割草、采菜、放牧、赶脚等劳作中，往往触景生情，引吭高歌，随境抒发内心感情，这样唱出来的歌，统称山歌。小调是群众在劳作间隙、工匠协作或其他副业生产场合中，流传较广泛、形式较规整、表现手法多样的民间歌曲。

社火

社火是青木川春节期间群众常见的一种民间娱乐舞蹈形式，一般由旱船、耍狮子、板凳龙、高跷、跑竹马等组成社火团队，游村转乡，以欢度佳节。

旱船表演时一般老艄公先上场，呼喊"开船了"，驾船女以轻盈、欢快、流畅、平稳的跑圆场步跑上场，在老艄公挥桨划船的表演过程中，表现小船水中行舟、过滩、搁浅，以及老艄公推船、扛船、拉船等过程。

狮子舞俗称"耍狮子"。由两个演员同披一张麻绳做的狮子皮，趴卧在地上做"抖毛""舔爪""弹耳""摆尾""摇头"等动作，使表演增添动人的生活情趣。

↑ 耍狮子

板凳龙表演时，在一条长凳两端分别装上龙头、龙尾，用红布将板凳面与板凳腿缠裹后，由3名身穿对襟彩服、戴白长布缠头、扎红布腰带、着黑布裹腿、穿红缨麻草鞋的舞者举起长凳进行表演。表演时

↑ 舞龙

由两舞者举起龙头一侧的两条凳腿，另一人双手举着龙尾一侧的两条凳腿，在锣鼓伴奏下，连续做跑转、绕转、翻滚等动作，引人入胜。

担子社火又称"货郎担"，由一青年扮丑相，扮成传统戏曲里的店小二形象，称作"挑担人"，另有一人扮丑婆、一人扮小姐。表演时，在欢快的锣鼓声中，随着社火舞队边扭边行进。挑担人动作夸张，扭腰摆胯，边走边擦汗，显示担着担子行路的辛苦和劳累。丑婆和小姐随着担子的节奏不停地上下摇晃闪动，生动形象地表现两个人坐着箩筐的逼真形象。

其他还有高跷、跑竹马等也都是为了营造春节期间普天同庆、欢乐的乡村生活社会氛围。

↓ 跑竹马

傩戏

　　青木川古镇属陕西宁强县管辖，宁强古称宁羌，属羌汉杂居地区，2015年宁强县被评为中国羌族傩文化之乡。傩戏，是中国戏曲剧种之一，傩戏也被称为中国戏剧活化石，它是在民间祭祀仪式基础上吸取民间歌舞、戏剧而形成的一种戏曲形式，是青木川非物质文化遗产之一。

　　傩戏起源于原始社会的图腾崇拜和商周时期的方相氏驱傩活动，最初是驱鬼的祭祀仪式。汉代以后，逐渐发展成为具有浓厚娱人色彩和戏乐成分的礼仪祀典。宋代前后，由于受到民间歌舞、戏剧的影响，傩仪开始演变为旨在酬神还愿的傩戏。傩戏在发展过程中，逐渐融入花鼓戏、花灯戏的表演手法，表演性不断加强。

　　傩戏是历史、民俗、民间宗教和原始戏剧的综合体，广泛流行于安徽、江西、湖北、湖南、四川、贵州、陕西、河北等省。在不同地区，傩戏名称不一，如傩堂戏、端公戏、师道戏、僮子戏、地戏、关索戏等。

　　傩戏以面具为其艺术造型的重要手段，内容多与鬼神有关。傩戏表演者，按角色戴彩绘面具，俗称"脸子"，分列为一末、二

↑　傩戏祭台

↑　傩戏表演现场

↑ 面具与灵符

↓ 傩戏面具

净、三生、四旦、五丑、六外、七贴旦、八小生。其表演俗称"跳傩"，场面多伴以锣鼓。

　　傩戏代表剧目有《捉黄鬼》《刘文龙赶考》《孟姜女》《张文显》《陈州放粮》《薛仁贵征东》《庞氏女》《龙王女》《桃源洞神》《梁山土地》等，此外还有一些取材于《目连传》《三国演义》《西游记》故事的剧目。相传陕南傩戏有200多个本子，如今保留下来的有100多个。

　　青木川古镇的郭金奎先生是众多傩艺表演艺人中的一位，曾获得陕西省汉中市

傩艺大师证书及陕南傩午端公戏演出大赛优
秀表演奖。傩戏表演现已成为宁强对外展示
羌文化的保留节目。郭金奎常年在辅仁剧社
里为广大游客倾情献艺，一展羌族傩戏绝技
及古老的羌族傩文化精粹，使来青木川古镇
游玩的朋友可欣赏到这一神秘绝技。

↑ 傩戏驱邪古籍

民间技艺

羌绣

↑ 羌绣制作

羌人是帮助周武王灭商的英雄，且羌人
与汉族先祖关系密切，可以说汉羌同源。

宁强的羌族是古代羌支中保留羌族族称
以及部分传统文化的一支，与藏族、彝族、
纳西族、白族、哈尼族、傈僳族、普米族、
景颇族、拉祜族、基诺族等为兄弟民族。

在青木川古镇，时常可见穿着民族服
装的羌族人，衣服上漂亮的图案大多为手
工刺绣，这些羌绣在羌族的历史上可谓源
远流长。

羌族刺绣，是农村妇女在劳动间隙完成
的民间工艺品，如今的羌族人，大多还保持

↑ 羌绣

↑ 羌绣

↑ 羌绣

着穿传统民族服装的习俗。

为了把这一民族文化传承并发扬光大，青木川古镇成立了羌绣合作社，主要经营旅游纪念品，如民族羌绣、绣花包、绣花挂件、绣花衣服的招商代理等，公司位于青木川古镇新街，拥有专业的产品、服务和技术人员，提供专业的服务。

云云鞋和绣花围腰是羌族刺绣中最具代表性的工艺品。其他还有藏式统包、挎包、帽子、氆氇、毡子、褥子、壁挂等，也都赏心悦目，精美绝伦。

栽蓝子打靛

蓝靛为爵床科植物，多年生草本植物。叶茎加工制得的粉末或团块可作染料，也可药用。药用时可用于温毒、发斑、胸痛咳血、口疮、小儿惊痫等症状。

清光绪末年青木川古镇出产的蓝靛染料，就是用这种植物制成的，农户们把这个制作过程，习惯性地叫作"栽蓝子打靛"。

当时的青木川，有钱人穿细纱洋布，质量好，颜色也漂亮，那是用所谓的"洋靛"染的。经济一般的普通老百姓只能穿又粗又厚的土线老布，就是用青木川古镇本地产的蓝靛染的。

　　当时生产的土蓝靛并不是到处都有，在宁强县境内也仅是青木川的部分地区栽蓝子打靛。这种农产品之所以不能大量种植，是因为与有些地方的阳光、气候、水分和土壤自然条件有关。因此，青木川古镇成了宁强县独一无二的蓝靛产区，民国初年掀起种植高潮，20世纪30年代达到种植顶峰。

↓ 蓝印花布

中国民间
文化遗产
抢救工程
THE PROJECT TO CHINESE
FOLK CULTURAL HERITAGES

青木川古镇是一个有故事的地方。中华人民共和国成立前
后，国民党残兵和土匪聚集在青木川周边的三省交界处负隅顽
抗。土匪头子悍然发动叛乱，造成广坪流血事件，最终被解放
军歼灭。青木川民团首领魏辅唐为什么在关键时刻率队向人民
政府投诚？长篇小说《青木川》是如何创作出来的？小说中的
青木川民团少校参谋主任原型到底有着怎样的人生？如今的青
木川还有什么新故事正在发生？这都等着我们去探究。

↓ 青木川全景

第六章

小镇故事
有声有色

歼灭匪首李叔敏、刘芳

广坪镇毗邻青木川镇，两镇距离很近，历来联系密切。新中国成立初期，为解放广坪，消灭匪首，红军队长曹廷琳等人英勇牺牲于广坪耸岭山。为了纪念广坪革命先烈，1983年，原广坪区公所在宁强县民政局的资助下，修建了广坪烈士陵园，安放了曹廷琳、李体壁、李怀宝三位烈士的遗骸。

1995年3月，原汉中地委、汉中地区行署将广坪烈士陵园命名为"汉中地区爱国主义教育基地"。

↑ 广坪革命烈士纪念碑

2002年12月，广坪镇人民政府在汉中市民政局、宁强县民政局的资助下，对烈士陵园进行了修整，新建了入园踏步台阶和可容纳三十余人参观的瞻仰台。

广坪革命烈士纪念碑记录着一段可歌可泣的往事。

民国时期的宁强县青木川"宁西人民自卫总队"，官兵达千余人。魏辅唐任宁西人民自卫队大队长，副大队长是李叔敏。魏辅唐后来率队向人民政府投诚，而李叔敏与魏辅唐分裂后则悍然发动叛乱，造成了烈士流血事件。

李叔敏，本名李守霖，广坪河寺坝里人。其父李天丙当过旧时宁强警察局局长。李叔敏兄弟6人，他排行第5，小学文化。因弟兄勾结，人多势众，横行于广坪河、玉泉坝石瓮子一带。川人李大美之妻刘芳机敏伶俐，被李叔敏看中霸占过来。刘芳有一定胆识和头脑，很快学会了双手打枪。她心狠手辣，谁敢冒犯，轻者痛骂，重者必受皮肉之苦，一时成为李氏家族中的女强人，虽未明媒正娶，但人们都称她"五婆婆"。新中国成立前夕，李叔敏将自己的自卫队员从魏辅唐自卫大队中分裂撤出，至新中国成立时，李叔敏兄弟共纠集自卫队员400余人，编制4个中队，配备枪支300余支，被列入国民党反动派姜森所在的"十万地下军"之中。

当时，秦巴山地拼凑的几股反动武装势力中，有陕保四旅、陕南暂编总队等，共计两万余众，号称"十万地下军"。姜森的反共游击总队就是其中一股。

1949年底，陕南全境解放。解放军19军57师171团进驻宁强，1营进驻广坪。慑于解放军的强大攻势，又见魏辅唐已缴械投诚，李叔敏一方面指派其弟李守和带30人和30支破旧枪械去宁强"接受整编"，一方面暗中与国民党残余势力勾结，伙同川陕邻近的刘青云、张占柏等惯匪密谋暴乱。李叔敏被"陕甘川反共游击队"总司令姜森委任为"陕甘川反共游击队"总队长。

1950年5月，李叔敏纠合兄弟和刘芳等，由潜伏活动转入公开叛乱，包围剿匪驻军于广坪河。刘芳叫嚣："我早就想在广坪开人肉架子！"可见其疯狂至极。当时解放军仅30余人，奋战11小时，队长李体壁等9人以身殉职。次日，李叔敏率匪众逼近广坪街上，包围区公署，血洗广坪河，区队长曹廷琳等壮烈牺牲。由于距解放军大部队尚远，一时救援不及，广坪河落入匪手。解放军广坪驻军血洒阳石岩，喋血老林沟，广坪反革命暴乱震惊陕西省。

李叔敏在广坪8天内4次偷袭解放军驻军和乡政府，残杀区乡干部，伏击驻军官兵，使7名区乡干部捐躯，34名解放军指战员牺牲，广坪人民生活在血雨腥风之中。

后来，解放军剿匪部队赶至，布下天罗地网，围追堵截，李叔敏匪帮解体，匪徒大部分被歼灭。

1950年10月15日，匪首李叔敏在甘肃庙子沟一个大石洞里被解放军擒获，刘芳也在山里被俘获。

1951年2月，人民政府判处李叔敏、刘芳等匪首和骨干匪徒死刑，立即执行。

土匪罪有应得，烈士英灵长存！

刘甲三、黎民觉劝降魏辅唐

在20世纪中期促成宁西人民自卫总队魏辅唐部投诚、稳定中共在青木川及至陕甘川交界地带的政权，有两个人发挥了不可替代的作用。一个是1926年加入中国共产党、时任青木川辅仁中学校长的刘甲三，另一个就是曾先后任汉中市副市长、陕西省人民政府参事等职的黎民觉。

刘甲三（1900—1952），名鼎锡，字甲三，宁羌县城人，是宁强县早期革命先驱之一。刘甲三出身富绅家庭，少时就读于汉中联中。1925年转入西安适道中学，加入国民党。因其学习成绩优秀，思想活跃，当选为西安学联代表及学联委员，积极参加爱国学生运动，不久加入共青团。1926年加入中国共产党，任中共陕甘区委候补委员和共青团区委候补委员。1927年入中山学院学习，任《国民日报》总编、中共地下党西安碑林区委书记。

↑ 刘甲三

1949年，国共两党在陕南川北的战斗到了关键时刻，一面是解放军大军压境，一面是国民党残余势力负隅顽抗。这时，接受过国民政府军正式委任、堪称陕甘川交界地带最具实力的地方武装魏辅唐部何去何从，显得举足轻重。这年春夏之际，中共地下党员、当时受聘担任青木川辅仁中学校长的刘甲三，认为做魏辅唐策反工作的时机已经成熟，便致信黎民觉，邀其回宁强策反魏辅唐。

同年9月中旬，黎民觉从甘肃碧口再次来到青木川，在刘甲三的领导下工作，以客商身份住在魏辅唐开办的旅店里。受刘甲三敦促，魏辅唐设宴招待黎民觉和辅仁中学的几位老师。

此后六七天，魏辅唐白天接待国民党撤退部队和其他过往人员，晚上即应约与黎民觉交谈，黎民觉向其耐心讲解国内形势。通过晓之以大义、明之以利害的宣传和阐明共产党的"首恶必办、胁从不问、立功受奖"的政策，渐渐消除了魏辅唐的疑虑。最后，魏辅唐答应了刘甲三、黎民觉提出的事前商定的五项要求中的四项：一是不听信国民党的反动宣传，不上山入川（指逃深山或到四川为匪）；二是不接受国民党任何军队的拉拢、收买和利用；三是解放军来了不做任何抵抗，一切听从解放军的命令；四是保境安民，维护好地方治安。

1950年1月，黎民觉第三次赴青木川，劝说魏辅唐投诚。黎民觉的耐心、真诚，最终打动了魏辅唐。魏辅唐当即带领警卫队同黎民觉到宁强县城，同县长、公安局长和驻地部队负责人等商谈了交枪、整编、学习培训等事宜。随后，魏辅唐接受整编，交出了大量武器和其他军事装备。

历史"活化石"徐种德

青木川人徐种德和魏辅唐是至交好友。他生于1925年，自幼家境清贫，先后在玉带小学、宁强初级中学读书。

徐种德初级中学毕业后，魏辅唐资助他去汉中学习，后又资助他上了四川大学历史系，那时侯青木川数他学历最高。四川大学肄业后，为报魏辅唐资助上学之恩，他放弃了在外就业的机会，回到了青木川。

↑ 徐种德

1949年7月，深感形势危急的魏辅唐扩编"宁西人民自卫总队"时，召唤他派送出去的大学生回乡效力。最后只有掌握英、俄两国语言且精通历史的徐种德放弃成都优越的环境，回到青木川古镇，被魏辅唐任命为宁西自卫总队少校参谋主任。

1951年1月31日，徐种德与魏辅唐一起带领人枪和其他军事装备到宁强县城，向新成立的县人民政府和解放军缴械投诚，接受整编。

后来，徐种德受尽苦难折磨，一生艰辛窘迫，特别是在"文革"中，徐种德因为这段历史曾受到强烈冲击。虽然悲苦，但徐种德无怨无悔，始终践行知恩图报的朴素人生信念。

著名作家叶广芩为了创作长篇小说《青木川》，多次采访过徐种德。她曾问徐种德老人："为什么魏辅唐一声召唤，你就义无反顾地回来了？你为此受了那么多苦，后悔吗？"徐种德摇头说："我的见识我的学养都是他给的，去四川读书的岁月，是我人生最精彩的经历，这些都是他给的，他不欠我什么。"

还有一次，叶广芩邀请当年熟知魏辅唐的几位老人一起喝酒。席间，天色已晚，徐种德的儿子夹着大衣、拿着手电筒来接老人。叶广芩邀请他喝酒，年轻人没有应声。徐种德就开口了："犬子无能，饮一杯退下吧。"儿子上前接过父亲手里的酒喝了，毕恭毕敬地后退三步，退出门外。叶广芩感到震惊：这么一个长期荒僻、与世隔绝的寂静山村中，也能有这样规整严谨的家教修养！散席时，已经微醺的叶广芩用日语说了一句"告别"，而徐种德用流利的英语说："晚安，女士。"

徐种德知识渊博，贯通古今，深谙世事，妙语连珠，见识卓著，眼界高远。20世纪80年代初，宁强县政协向徐种德征集魏辅唐的文史资料，徐种德写下长达5.6万字的《宁西一霸魏辅唐》，刊登在1983年的《宁强县政协文史资料》上。

《宁西一霸魏辅唐》真实地记录了魏辅唐称霸一方、为地方民众办实事的传奇一生，徐种德对魏辅唐的评价客观、公正、高屋建

↑ 种德书屋

瓴：才能亢宗，功能补过；武以卫乡，文以辅仁。十六个字，字字精到。

徐种德是叶广芩长篇小说《青木川》人物许忠德少校参谋的人物原型。《青木川》问世后，这位连接起过去与现在的人物徐种德，就坐在自己的书屋里，用自己苍劲的书法在《青木川》一书的扉页上为游客题诗留念，成了青木川古镇旅游的一道独特文化风景。

《青木川》一书出版后在北京举行研讨会，叶广芩力排众议，邀请年事已高、身体欠佳的徐种德老人担任研讨会的嘉宾。徐种德老人时年86岁，儿子背着他出山，搭车到汉中，再一路辗转到北京。研讨会上，徐种德作为小说原型人物之一发了言。老人的非凡气度令在场之人折服，小说中的人物走进现实，仍然是那样的才华横溢、神采奕奕。他说："当年我读大学时第一次走出青木川，这是我第二次走出青木川，中间相隔五十多年时间。明天我要去看看人民英雄纪念碑，深深地鞠躬致敬。"

这位被誉为青木川民国历史"活化石"的徐种德老人，于2011年6月1日在青木川逝世，享年87岁。

结缘青木川的著名作家叶广芩

叶广芩，籍贯北京，满族，祖姓叶赫那拉。中学就读于北京女一中，1968年被分配到陕西，先后当过护士、记者，1990年在日本千叶大学学习，回国后开始从事专业创作。主要作品有长篇小说《全家福》《采桑子》《状元媒》，中篇小说《黑鱼千岁》《豆汁记》《黄连厚朴》等。多部作品被改编为电影，如《红灯停绿灯行》《黄连厚朴》《谁说我不在乎》等。长篇小说《青木川》的写作，是叶广芩对自己的一次挑战和超越。

2000年，叶广芩到陕南山区考察蜀道，来到了川、陕、甘三省交界之地青木川古镇。古朴清雅的小镇、木房、廊桥、老树、蓝天、清流，让人称奇的山中西洋楼房，豪华的美宅，巴洛克式浮雕的礼堂，都让她惊讶得不知身在何处。一问，这一切原来都与魏辅唐息息相关。青木川古镇的过去与现在以及魏辅唐的传奇经历都在牵动作家的心。这一牵动就再也放不下来了。

2002年的一天，叶广芩又一次走进青木川古镇。她要到青木川去圆自己的一个心愿。叶广芩身处这个历史悠久的古镇，感受到的是清雅的生态环境、绚丽的自然风光、生动的人文气息、悠远的历史印记，自古就是羌汉杂居之地的青木川古镇，如今仍然保留了浓厚的羌族遗风。而青木川古镇让她感受最深的一点是它深厚的文化积淀，最让她感动的是崇尚文化的民团头子魏辅唐当年资助了一批穷孩子，让他们在学校里受教育。她亲眼看到了魏辅唐开办的学校，在20世纪40年代，能在深山之中，为了推崇教育作出了这样一份轰轰烈烈的事业，这些需要后人记住，后人要知道感恩，要知道敬畏。

从此，叶广芩从与青木川古镇结下了不解之缘。

之后，叶广芩多次到青木川古镇采访，作为一位乐于畅游生活的作家，经过深入采访，同与魏辅唐同时代的依然健在的老人们交谈，陕南这片灵秀之地上的一草一木、一山一水早已融进了她的血液。也正是基于陕南文化的熏陶，她创作的《青木川》这部作品极具代表性。

《青木川》小说的酝酿，算上最初资料收集，前后有近20年的时间。在此期间，叶广芩在青木川先后采访了近百人，曾多次和魏辅唐同时代的徐种德老人交谈，查阅了大量历史资料才创作而成。

↓ 叶广芩工作室

2007年，叶广芩的长篇小说《青木川》出版，评论家一致认为《青木川》承载着厚重的文人情怀和对历史的反思，通过对复杂人性的剖析，充分展示了陕南独特的地域文化。

《青木川》的出版除引起评论家、专家及读者的广泛关注外，作品还获得了"中国作家"鄂尔多斯文学奖，2007年中国小说学会年度小说排行榜

↑ 长篇小说《青木川》

长篇小说第三名，入选陕西省第十一届精神文明建设"五个一工程"获奖作品。叶广芩先后还被陕西省委、省政府授予"德艺双馨"文艺工作者，享受国务院颁发的"有特殊贡献专家"称号。

2014年，根据小说改编的电视连续剧《一代枭雄》热播，这又让青木川古镇走进人们的视野，青木川古镇成为宁强著名的旅游景区。

作家一部小说推动了青木川的旅游事业发展，一个偏僻的山区小镇，成了近年来假期旅游的热点，成了人们津津乐道的话题，这是作家叶广芩在写作《青木川》时没有想到的。

结 语

初秋时节，雨后的青木川格外清新，空气中弥漫着泥土的芬芳，坐在金溪河飞凤桥木质靠椅上的游客陶醉在青山绿水间。自从成功申报中国传统村落名单、荣获国家4A级景区之后，青木川古镇已扬名中外，成为游客魂牵梦萦的胜地。古街道、古民居、古宗祠、古栈道、古井……游客仿佛在一段段尘封的历史中穿行。登上金溪河边山梁上的回龙阁，可以看到古镇全貌。

民国时期，这里是三省交界处的世外桃源，美丽而又繁华，类型丰富的庄园式古民居，工艺精湛的宗祠，还有那神秘的羌人古墓群，最早可追溯到明朝中期。

青木川古镇风景秀丽，民风古朴，古建筑群保存较为完整。以回龙场老街为主，金溪河将古街拉成了弧形，远观形似一条卧龙，街道从南向北蜿蜒866米，两边的明清民居商铺错落有致地连缀在一起：四合院式的、船形的、中西合璧的……

↑ 古镇另一入口

古街中段，一座盖顶华丽的飞凤桥横跨金溪河两岸。整条古街呈现出"平盘端凳，雕窗扇门，院落集中，四水归堂"的格局。现留有古朴独特、雕梁画栋、风格典雅的古建筑房屋260余间，内有回廊、天井，宽大舒展，是不可再造的历史文化遗产。

古镇保存最为完整的是魏氏宅院，系魏辅唐所建。现遗存有魏氏宅子两处，商贸用房五处，保存度达85%。古镇有明清时多处祠堂，并有立碑刻字，保存度达70%。

古镇老街上的民房，最早建于明、清，保存下来的大多系民国年间的建筑。或许因为小镇藏在大山深处，或许因为当初房子造得雄奇坚固，这些年来才无人拆毁。无疑，古镇上的人们有不轻易大动房舍和保护古迹的习惯。一座老楼的门楣上写着"一天节约一两粮，十年要用仓来装"，历史的沧桑，在这里烙印清晰，历历在目。

徐种德之子徐联邦，家里的房子已有一百多年的历史。木质结构的老房子遭受2008年地震有一定程度的损坏，在重建中家人本想修建砖混结构的房子，但被徐联邦坚决否定了。在徐联邦看来，青木川是近千年的古镇，既有流传久远的故事，又有别具一格的建

↓ 金溪河

筑（群），这是历史留给青木川人民的财富，千万不能图一时方便
而毁了古镇的原有面貌。最终，徐联邦按照原来风貌，对房屋进行
了加固维修。

徐联邦说，老街上有近两百户住户，其中三十多户的房子在地
震中有损坏，但截至目前，他们的房子仍是原汁原味。这都得益于
政府组织专业机构来设计维修，既保持了原有风貌，又保证了群众
安全。

正是青木川古镇人民的热爱与用心，才
为历史和游客保留下来如此美妙的小镇。

2021年夏，天降大暴雨，河南等地城乡
受灾。在青木川古镇采风的执笔作家王印堂
注意到，虽然新冠疫情的阴影还在，青木川
的游客却不少。连续几天大雨，金溪河已经
不是往日的宁静模样。只见巨浪翻滚，只听
轰鸣咆哮，这条"龙"，它是如此"鲜活"！

青木川，在群山掩映中，绿意蓬勃，迷
雾笼罩，如梦似幻！

↑ 作家王印堂冒雨在青木川采访

附录

闲题坝中诸景

〔清〕赵昌先

一围树木四时荣，万点南山分外明。

左右清溪环玉带，上下翠岸锁全城。

石高虎洞笔如写，灵感龙池雨自行。

活水源头乐利普，岁岁春台听歌声。

【作者简介】

赵昌先：清代宁羌州永宁里赵家坝人，道光年间贡生。

七律·秋日游回龙寺题壁

〔清〕赵廷相

青木从来形似舟，圆潭石柱镇中流。

龙分五谷勃然秀，鱼入三河自在游。

落帽名人溯古孟①，种桃道士问前刘②。

将军守定龙池地，渡尽群生步斗牛。

【注释】

① "落帽"句：用东晋孟嘉事。《晋书·孟嘉传》："（嘉）为征西桓温参军，温甚重之。九月九日，温燕龙山，僚佐毕集。时佐吏并着戎服，有风至，吹嘉帽堕落，嘉不之觉。"后"落帽"成为九月九日重阳登高的典故。

②"种桃"句：刘禹锡因朝廷政治斗争受牵连，被贬远州，多年后奉召回京。次年又因作诗得罪当权者，再次被贬，十余年后才又回京都，而玄都观中已一派萧然，于是作《再游玄都观绝句》："百亩庭中半是苔，桃花净尽菜花开。种桃道士归何处，前度刘郎今又来。"后以此典形容人去而复来，多有感伤追怀之意。

【作者简介】

赵廷相（1875—1908），清朝光绪年间秀才，宁羌州西路青木川牌玉泉坝人。

七绝·青木川诸景咏（七首）

魏义友

河堤

金溪河畔草萋萋，百亩秧田入望迷。

闲就老翁听故事，春风杨柳魏郎堤。

廊桥

绣柱飞檐水上亭，闲从河面看流萤。

廊桥有梦谁能得，独把栏杆忆晓星。

石濑

乱石如兵遏乱流，乱流扑过剩骷髅。

西风残照河滩上，血影刀光尚未休。

老街

木板门窗一额齐，半依岩壁半临溪。

山街人散黄昏静，骋目忽闻野鸟啼。

辅仁中学

画栋雕梁几座楼，恢弘气魄见勋猷。

谁知教授明堂坐，欲语当年倍感愁。

梯子岩

自有人间便有行，悬崖峭壁凿征程。

石梯云栈留残迹，古术苍藤梦里萦。

金溪题"砥柱"石

本是山根水底生，狂澜猛雨自能撑。

纵然风击雷轰倒，犹有中流砥柱名①。

【注释】

①犹有中流砥柱名：金溪河中有巨石，胡宗南参谋曾题"砥柱中流"四字。

七律·青木川诗（四首）

途中

车入嘉陵万岭旋，一重青霭一重烟。

樱桃红抹村童嘴，菜籽黄飘农妇肩。

忽雨忽晴天作戏，半春半夏陕临川。

此行为应孙郎约，要结桃源不解缘。

初识

山竞争高日竞低，春风吹我到金溪。

桃花两岸红霞抹，秧稻千家翠鸟啼。

失口惊呼何世界，称心亲睹此天倪。

诸公欲走还先走，只恐重来路转迷。

抄碑

松柏森森晓气凉，独来墓地觅碑忙。

难从闹市征骐骥，果见高山出凤凰。

魏氏祖孙三进士，赵家父子两薇郎。

一篇宫叙瞻风采[1]，野径归来月送香。

【注释】

[1]指魏可式《重修文昌宫叙》。

七律·青木川行吟

郭加水

一

轻车曲路柳生烟，青木川来了夙缘。

小镇风闻添秀色，朱楼传说梦魂牵。

传媒镜里千秋笔，向导舌尖百事鲜。

盛世钩沉兴未了，奇招妙计扮坤乾。

二

山自青青水自泱，是非恩怨费评章。

风光不再胭脂冷，画栋犹存故事长。

辟馆延师崇翰墨，修渠筑堰重农桑。

乡民指点前朝事，亦贬亦褒说辅唐。

【作者简介】

郭加水，生于1942年，陕西子洲人。曾任汉中地区行政公署副专员、中共汉中市委副书记、汉中市人大常委会主任。为中华诗词学会会员，陕西省作协会员。出版有《素心集》《挚语集》。

七律·青木川

宋文富

锁钥三省镇西陲，凤凰来仪蛟龙回。

地如方舟聚珍宝[①]，石号将军御风雷。

红岩叠翠千山秀，青木流霞双虹飞。

往事如烟随波逝，前浪总被后浪推。

【注释】

①地如方舟：当地人说青木川坝子形如大船，是一块风水宝地。

【作者简介】

宋文富，生于1935年，陕西汉中人。编辑，陕西诗词学会会员。曾任宁强县志办公室主任，主编《宁强县县志》和宁强县政协"汉源系列"文史资料，译著《诗体伊索寓言》、编著《宁强县乡镇风土纪咏》、校注出版《宁羌州志校注集》。

七律·赞青木川

冯隆庆

层峦叠翠气势殊，屏障宁西扼陇蜀。

山钟灵秀人杰荟，地蕴宝藏物产阜。

历经沧桑涤陈腐，欣逢盛世起宏图。

镇域三通^①容颜改，堪称边陲一明珠。

【注释】

①三通指水、电、路通。

【作者简介】

冯隆庆，生于1927年，宁强县南屏乡人。

七律·青木川古镇二首

孙启祥

一

汉上秦淮何处寻，琼楼玉宇此间真。

栏香未染风霜退，阶迹翻随日月新。

秦陇重关连野远，蜀羌古韵一街存。

凉桥卧听青川唱^①，日日清砧伴暮曛。

二

层楼璧列近山冈，商旅攘攘出凤凰^②。

四地财通名赫赫，三边人望气煌煌。

毒花的是刚成曲^③，新学堪教钝化良。

霹雳一声尘梦过，空怜巷陌说辅唐。

【注释】

①青川：流经青木川镇的金溪河又名青川。

②凤凰：青木川镇原名凤凰乡。

③"毒花"句：指民国期间青木川的实际管理者魏辅唐包庇种植罂粟事。

【作者简介】

孙启祥，生于1961年，陕西勉县人。汉中诗词学会会员，中国陆游研究会会员。曾任中共宁强县委副书记。出版有《汉中历史大事编年》《陆游汉中诗词选》等。

七律·青木川四咏

巴人

自然保护区

万木葱茏滴翠山，奇峰珍木惊奇险。

金猴猕猴戏树顶，熊猫羚牛藏林间。

山外艳阳山里雨，气象万千频变幻。

植物宝库品种多，动物天堂欢乐园。

辅仁中学

旧时学堂新式建，普及教育有先贤。

慧眼独具称乡里，建校助学惠三边。

贫地开设文明课，育得英才桃李满。

为将重教良风续，巨资扩建焕新颜。

魏氏宅院

豪门深宅新旧连，四水到堂三进院。

暗管输送山泉水，小桥勾连梁王园。

中西合璧巧成趣，画栋雕梁个性展。

故老借问传奇事，犹记红毡宴宗南。

魏辅唐其人

山野崛起赖鸦片，称霸强权靠枪杆。

兴商办学有善举，缉盗惩恶岂手软。

盘剥聚敛万贯财，舍饭济贫朱门边。

亦土亦洋亦浪漫，亦凭善恶辨忠奸。

【作者简介】

巴人，本名秦川，生于1955年，宁强县人。曾任宁强县人大常委会副主任。

七律·望凤凰山

徐种德

此山何来凤凰名，凌空崔巍隔陇秦。

悬崖峭石人绝迹，老树荒草鸟惊心。

连天浮云布春雨，过峰归雁啼秋声。

凤凰不知何处去，瑞留人间化福音。

七绝·青东水库

徐种德

千夫锐力锁两山，坝高百尺壮雄关。

一汪碧波育丰乐，泽流万家福满川。

【作者简介】

徐种德，生于1925年，宁强县青木川镇人。早年就读于四川大学历史系，1949年曾为宁西人民自卫总队少校参谋主任。执教多年，参与编修《宁强县志》。

七绝·栈道^①行

赵德成

山如巫峡出奇峰，水似平湖^②碧玉清。

凌空悬梯二百步，不教石门锁陇秦。

【注释】

①栈道：玉泉坝通往康县的古栈道，由赵辅捐资，建于明嘉靖十年（1531）。

②平湖：指玉泉坝街后龙王潭至断妖石长3千米、宽0.75千米的养生潭。旧时只许放生，不许捕鱼捞虾。

【作者简介】

赵德成，生于1933年，宁强县青木川镇玉泉坝人。

读叶广芩小说《青木川》^①

宁汝士

闻道山南土匪多，地图寻找竟无讹。

当时乱选传奇地，此际翻愁获奖婆^②。

建校修桥偏是霸，买枪护土怎为魔？

合该天意昌斯境，引我川前一放歌。

【注释】

①叶广芩的小说《青木川》出版后，多次获文学大奖。

②因叶作家年过七十，称"娥"恐不敬，故改为"婆"。

【作者简介】

宁汝士，生于1929年，宁强县大安镇人。曾参与编纂《宁强县教育志》《宁强县税务志》。著有《晚春集》。

七律·青木川回龙阁远眺

王印堂

山重水复雾云蒙，三省临边古镇红。

新旧街区河并列，清灰砖瓦史称雄。

魏庄瞿院景如画，龙庙凤桥情有衷。

鸟瞰明珠生爱意，流连问话老渔翁。

【作者简介】

王印堂，笔名王忆唐，民盟盟员，知名作家、诗人、书画家。系中国诗歌学会、中国散文学会、中国楹联学会、陕西省作家协会、陕西省编剧协会、陕西省散文学会、西安市作家协会、西安市书法家协会、西安市美术家协会等协会会员，西安市长安唐诗文化研究院高级顾问；陕西太白书画院副秘书长，长安柳青文学研究会副秘书长，《长安》文学杂志主编，西安科技大学高新学院和西安外事学院特聘教授。已出版诗歌集《岁月如歌》、散文集《守望与张望》、长篇纪实文学《两万天的守候》，先后荣获大学优秀教师、民盟陕西省委先进个人，所创作的文学、楹联、国学论文、书法作品等获奖30多次，获"正邦说"十万元诗歌大奖。

青木川有感

王盛华

一

烟尘百年青木川，层峦叠翠景亦然。

枝头杜鹃啼往事，溪中细鳞嚷时艰。

风雨桥上说风雨，凤凰阁前道涅槃。

山中野叟促膝叹，夜雨敲窗难成眠。

二

揽尽巴山兴自狂，独登阁楼歌大荒。

举杯长啸邀明月，购得短剑作枕囊。

斜阳古道雾漫漫，残垣断壁事茫茫。

世事原本一盘棋，辅唐宴罢说辅唐。

【作者简介】

王盛华，著名作家、评论家、书法家、文化学者。陕西省民间文艺家协会顾问、陕西省国学研究会常务副主席、陕西省孔子学会顾问、陕西省关学文化促进会顾问、西北大学现代学院特聘教授、西安城市建设职业学院特聘教授、《国学研究》总编、《中国民间文学大系·陕西卷》总编等。曾任《西部艺术报》总编、陕西省文联组联部主任、陕西省民间文艺家协会副主席。

青木川词（四首）

魏义友

菩萨蛮

李家小妹年十九，当年插队村中走。倩影照金溪，群鱼各自迷。谁知才一载，筑路[1]奔山外。一去再难归，空余魂梦追。

【注释】

①筑路：指修筑阳安铁路。

小重山

一别金溪四十年，当年杞履地，梦魂牵。老人淳朴小童顽。多少事，一忆一陶然。重访意流连。年华留不住，恨绵绵。村风依旧暖心间。难酬报，《毛选》未精研[1]。

【注释】

①《毛选》未精研：当时赠有《毛泽东选集》。

临江仙

万水千山怀抱里，依稀几点村庄。当年到此学农桑。锄禾临水岸，背粪上山冈。愧我重来无所献，满怀尘海炎凉。四邻却见爱如常。竹风萦簋绿，花气润衣香。

虞美人

层林翠色遮前院，不忍重来看。旧时窗户旧时门，只有阿婆不是旧时人。

山前松菊依然在，对我生嗔怪。眼前天地又回春，何时同他偕老此山村。

修路纪事摩崖碑文

盖闻绩功莫大于开路，累仁莫大于搭叠桥。是以修造崎岖之路，子孙福寿之报，岂不从阴骘中得来者哉？故西沟上下三十余里，路道险阻，行者不堪嗟叹，负者竟难步履。予等目击心伤，不忍袖手坐视，又不能一人料理，复非数功可成。所以邀约诸君，合心商议，募化十方。幸远近仁人君子，不吝锱铢凌□针合斧以成大功。碍道者剪之，当途者除之，是向之不广者今得其宽而广也，向之不直者今得其顺而直也。《书》云："王道荡荡"，"王道平平"，差□湛似之矣。古云："人发善心，天必从之"，诚哉是言也。今者功成告竣，发□结善二□道□缘勒石铭一善。卒录人人表名于后，以志万古不朽也！云耳。是为序。

（此碑文刻于青木川西沟通往甘肃商运的古栈道石岩上，不知何人所撰。因石质脱落，已不可辨认处用□表示）

重修文昌宫叙①

［清］魏可式

咸丰元年，岁在辛亥，仲秋之初，重建文昌宫。既成，嘱余叙之。余不获以不文辞，敬诣新宫而志其略曰：

文昌，先天孔子也。设宫而祀者，周寰宇奚翅青木川也。其始，宫居坝中，福庇深埠，安久也。有卜者言于前辈曰："川，舟形也；坝中，中仓也。宫居此，文星耿耿，实当中也，人文奚以奋？是宜迁。"曰："何迁乎？"曰："北有山，南望蔚然，龙池仙境也，山行六七里，顶有文峰，将军石也；胜在山之腹。东环陵阜，号锦屏也；西绕清溪，锁玉带也；层峦叠嶂，气象万千，朝阴夕晖，翠花注射，胜地也，盍迁焉。"前君子唯唯，如其言，举其事，时嘉庆之元年也。其自有宫，即有春台，会当其时，春和景明，梨园庆演，都人士登观而观之。避瞩东岭，万家在烟树之中；远眺西陵，万井在星旗之布。化日皞皞，泰宇熙熙，洵哉，人物跻春台也。春社故醉，人归矣。自有宫，即以宫为讲学地。蔼蔼多人，夏弦春诵，里人静夜观听之。星火荧荧，读书灯也；弦歌朗朗，读书声也；入耳警心，暮鼓而晨钟也。士风蒸蒸日盛，学者济济有成。农也，工也，商与贾也，因无不安其居而乐其业。然则，今日之文昌宫，胜景也，亦福地也。但移宫于斯，唯有历年远近东西俯临焉。而万景犹是，而宫已故矣。首事者敛金而重建之，恒其心，锐其力，不数月而竣焉。自时厥后，其宰灵枢、关造化、开景运、翼斯文者，为由艾也。叙至此，忽有客来观行宫者，猝然而问曰：青木川之文昌宫，创者何时？曰：莫详其所自始也。迁之者谁？曰：前辈义士赵氏孔昭公、屠氏建元也。倡大义而重建者何人？曰：今之义士魏万忠也。客莞尔而笑曰：是宫也创于始、迁于继、重建于今，工矣，整矣！但后之视今，义士又谁？属乎是所望于继之者。

　　邑岁进士[2]魏可式沐手敬撰并书

【注释】

①此文刻于青木川私立辅仁中学大礼堂西墙石碑。碑高189厘

米，宽94.5厘米，厚5.5厘米

②岁进士：不是殿试进士，而是清代岁贡生的美称。

唐世盛大门石刻对联：

深院风和燕雀相贺，

高斋日现麟凤时来。

（民国时期燕玉山题）

魏辅唐街房内联：

唐虞之世斯为盛，

凤凰在乡有好音。

忠厚留有余地步，

和平养无限天机。

爱国常起早，

居家夜眠迟。

（民国时期燕玉山题）

文昌宫大门楹联：

烟锁金城水环玉带，

人登寿域物济春台。

龙池山门联：

一座名山龙飞虎啸迎池水，

两省杰地鱼游凤舞拜玄天。

辅仁中学大礼堂凤凰舞台两门对联：

英才萃一堂振翼培成鸿鹄志，

广厦联三省和声如听凤凰鸣。

文德治中华初基先肇文明象，

武功平外侮远略应将武备修。

（民国时期燕玉山题）

门楣撰联：

前居陋室处骡马之中自觉臭气不如我，

今迁大厦住联保以下反转眼光莫看他。

清者清浊者浊清浊他人自有定见。

贫是贫富是富贫富我们各存良心。

（民国文昌宫私塾先生姚光德佃住凤凰乡联保主人楼下时自撰联）

荣盛魁：

好一座船楼幽院醉倒过极多江湖大碗

真极品鬼斧神工雕琢出绝妙羌汉奇观

↑ 荣盛魁对联

飞凤桥：

回龙场连魏氏宅百年沧桑渺似烟

飞凤桥横金溪水两岸景色美如画

游客中心：

一条长街两区宅院三家宝号展百年春秋图

十里川道千亩良田万仞崇山成无边风月景

诉人间无事熔枪炮铸成耒耜

息天下清宴将干戈化为玉帛

匾额：

履道崇仁

国栋家干

（民国政府汉中专员魏席儒1945年1月1日所赠）

瑞绕萱堂

（宁强县长刘法钰和周重道二人为魏辅唐母亲祝寿时所赠）

复兴之声

（吴伯森所赠）

望重乡里

（王孟周所赠）

崇文尚武

（刘凤文所赠）

厦庇群英

（王泽勉所赠）

卫国卫民

（何葆华题魏氏新宅匾额）

青木川当地民众送有：培育英才、浩然正气、功在桑邦等匾。

后 记

　　《中国历史文化名镇·陕西青木川》一书从2019年春天启动，至2024年出版，前后经历了五个年头，虽经风雨磨难，但能出版面世，实属不易。

　　作为"中国民间文化遗产抢救工程"的重要项目之一，《中国历史文化名城·名镇·名村丛书》自2019年在陕西启动以来，按照总编委会的要求，陕西省民协首先将渭南市党家村和汉中市青木川镇列入示范卷计划。随之在中国民协原副主席、省民协原主席王勇超，省民协顾问、省国学研究会常务副主席王盛华，省民协原常务副主席兼秘书长刘丽玲的带领下，先后多次奔赴党家村和青木川开展调研工作，通过深入调查研究，并收集了大量一手材料，为本书成册打下了良好的基础。

↓ 省文联专职副主席蔺雨（左二）、省民协原主席王勇超（左三）、省民协顾问王盛华（右二）及宁强县有关负责人在青木川考察期间

↑ 作家王印堂（中）、胡云山（右
一）、李虎山（左一）合影

↑ 主编王盛华（中）在青木川瞿
家大院采访期间

此后，在《中国历史文化名城·名镇·名村丛书》陕西省编委会的领导下，著名作家、文化学者、本书主编王盛华老师又带领知名作家胡云山、摄影师晏天梁、赵安甲等人先后数次往返汉中市宁强县青木川古镇进行实际采访，采访活动收集了一定资料，且拍摄了几千张照片，后由胡云山执笔，起草了本书初稿，为本书完稿打下了基础。

然而令人非常惋惜的是，《中国历史文化名镇·陕西青木川》初稿刚完成，欲再度赴青木川收集充实资料时，新冠疫情突然暴发，在此期间，天妒英才，作家胡云山又因身患癌症，住院长达半年，医治无效，并于2020年10月突然撒手西归。本书的创作才刚起步就被迫中断。

2021年，王盛华先生又安排知名作家李虎山接手胡云山未完成的工作，继续进行青木川的写作与编排。可是，李虎山接手此项工作不久，因身患重病，住院治疗，且一时不能痊愈，无法完成编著使命，工作再次被迫中断。

2022年底，在王盛华先生的再次统筹安排下，又聘请西安科技大学高新学院教师、知名作家王印堂接手工作。面对胡云山、李虎山不同的写作风格,王印堂迎难而上,在王盛华老师的指导下,接手重新执笔编著《中国历史文化名镇·陕西青木川》一书。

王印堂自执笔创作以来,本着对历史负责、对文化负责的责任感,在2022年深入青木川,进行实际采风考察,通过深入调查研究,并收集、补充了大量资料,重新定位主题思想、编排组织架构、创作各个章节,在删改、修正并补充大量新的篇章后,才陆续完成了本书二稿、三稿、四稿,五稿,直到2022年10月,完成本书六稿。同时,又从赵安甲、晏天良、王盛华、王印堂等多位摄影师拍摄的几千张照片资料中精挑细选,找出符合文意的插图照片,编辑标识对应到详细章节内容。出版社编辑多次审阅书稿,提出了详细、专业、宝贵的修改建议,为本书的撰写、修改提供了一定的依据。为了保障书稿质量,王盛华先生又选派专业摄影师再次赴青木川现场拍摄,王印

↓ 作家胡云山在青木川采访

堂从大量照片中调整更换了80多张照片，直到满意为止。

此后，王盛华先生又根据出版社的审稿建议，多次通读《中国历史文化名镇·陕西青木川》一书，修改并增加了有关章节，充实丰富了本书的相关内容，定稿后才提交给出版社。

可以说，五年内本书稿前后经过8次修改，才得以正式面世。

在此，我们对为本书给予热心帮助的宁强县史志办、青木川镇领导、青木川种德书屋主人徐联邦及其女儿徐海文、秦川谷酒店刘经理等人，以及在本书编写过程中提供过参考资料的作者、编辑，拍摄了大量图片的摄影师表示衷心感谢！

为了保证本书的准确性，在编著过程中我们参考了一些青木川历史遗存和历史积淀中形成的共识资料、当地政府官方媒体宣传资料、景区旅游开发期间公开的广告宣传资料，如陕西省宁强县青木川镇志编纂委员会所编的《青木川镇志》（方志出版社2016年版）等，以及一些报纸、书刊、画册、网络上的公开资料，还有与青木川文化有关的文艺作品、名人资料、文物档案、当地特产、风俗资料等。殊途同归，目的都是扩大陕西青木川的影响力，扩大青木川4A级景区的影响力，保护古镇文物资源，特此向原作者致谢！

由于历史古迹留存时间久，资料不全甚至说法不一，编辑时间紧、工作头绪多，尽管我们已经全力以赴，也难免出现差错，恳请专家和读者批评指正！

《中国历史文化名镇·陕西青木川》编委会

2024年3月20日

图书在版编目（CIP）数据

中国历史文化名镇. 陕西青木川 / 中国民间文艺家协会组织编写；潘鲁生，荣书琴，刘超总主编. —北京：知识产权出版社，2024.9. —（中国历史文化名城·名镇·名村丛书）. —ISBN 978-7-5130-9491-7

Ⅰ. K928.5

中国国家版本馆CIP数据核字第2024EG7557号

责任编辑：赵　昱　　　　　　　　　　责任校对：潘凤越
装帧设计：研美文化　　　　　　　　　责任印制：刘译文

中国历史文化名城·名镇·名村丛书
中国历史文化名镇·陕西青木川
中国民间文艺家协会　组织编写
总 主 编　潘鲁生　荣书琴　刘　超
本卷主编　王盛华　王印堂

出版发行：知识产权出版社 有限责任公司　　网　　址：http://www.ipph.cn
社　　址：北京市海淀区气象路50号院　　　邮　　编：100081
责编电话：010-82000860 转 8128　　　　　责编邮箱：zhaoyu@cnipr.com
发行电话：010-82000860 转 8101/8102　　发行传真：010-82000893/82005070/82000270
印　　刷：天津市银博印刷集团有限公司　　经　　销：新华书店、各大网上书店及相关专业书店
开　　本：720mm×1000mm　1/16　　　　　印　　张：11.5
版　　次：2024 年 9 月第 1 版　　　　　　印　　次：2024 年 9 月第 1 次印刷
字　　数：136 千字　　　　　　　　　　　定　　价：80.00 元
ISBN 978-7-5130-9491-7